四特 教育系列丛书 SITEJIAOYUXILIECONGSHU

U0570532

与学生谈适应锻炼

《"四特"教育系列丛书》编委会 编著

吉林出版集团股份有限公司
全国百佳图书出版单位

图书在版编目 (CIP) 数据

　　与学生谈适应锻炼/《"四特"教育系列丛书》编委会编著 . —长春：吉林出版集团股份有限公司，2012.4
　　（"四特"教育系列丛书/庄文中，龚玲，萧枫，姜忠喆主编 . 与学生谈生命与青春期教育）
　　ISBN 978-7-5463-8642-3

　　I. ①与… Ⅱ . ①四… Ⅲ . ①中小学生－适应行为－能力培养 Ⅳ . ① B848.4 ② G635.5

　　中国版本图书馆 CIP 数据核字（2012）第 044399 号

与学生谈适应锻炼

YU XUESHENG TAN SHIYING DUANLIAN

出 版 人	吴　强
责任编辑	朱子玉　杨　帆
开　　本	690mm×960mm　1/16
字　　数	250 千字
印　　张	13
版　　次	2012 年 4 月第 1 版
印　　次	2023 年 2 月第 3 次印刷
出　　版	吉林出版集团股份有限公司
发　　行	吉林音像出版社有限责任公司
地　　址	长春市南关区福祉大路 5788 号
电　　话	0431-81629667
印　　刷	三河市燕春印务有限公司

ISBN 978-7-5463-8642-3　　　　定价：39.80 元

前　言

　　学校教育是个人一生中所受教育最重要组成部分,个人在学校里接受计划性的指导,系统地学习文化知识、社会规范、道德准则和价值观念。学校教育从某种意义上讲,决定着个人社会化的水平和性质,是个体社会化的重要基地。知识经济时代要求社会尊师重教,学校教育越来越受重视,在社会中起到举足轻重的作用。

　　"四特教育系列丛书"以"特定对象、特别对待、特殊方法、特例分析"为宗旨,立足学校教育与管理,理论结合实践,集多位教育界专家、学者以及一线校长、老师们的教育成果与经验于一体,围绕困扰学校、领导、教师、学生的教育难题,集思广益,多方借鉴,力求全面彻底解决。

　　本辑为"四特教育系列丛书"之《与学生谈生命与青春期教育》。

　　生命教育是一切教育的前提,同时还是教育的最高追求。因此,生命教育应该成为指向人的终极关怀的重要教育理念,它是在充分考察人的生命本质的基础上提出来的,符合人性要求,是一种全面关照生命多层次的人本教育。生命教育不仅只是教会青少年珍爱生命,更要启发青少年完整理解生命的意义,积极创造生命的价值;生命教育不仅只是告诉青少年关注自身生命,更要帮助青少年关注、尊重、热爱他人的生命;生命教育不仅只是惠泽人类的教育,还应该让青少年明白让生命的其它物种和谐地同在一片蓝天下;生命教育不仅只是关心今日生命之享用,还应该关怀明日生命之发展。

　　同时,广大青少年学生正处在身心发展的重要时期,随着生理、心理的发育和发展、社会阅历的扩展及思维方式的变化,特别是面对社会的压力,他们在学习、生活、人际交往和自我意识等方面,都会遇到各种各样的心理困惑或问题。因此,对学生进行青春期健康教育,是学生健康成长的需要,也是推进素质教育的必然要求。青春期教育主要包括性知识教育、性心理教育、健康情感教育、健康心理教育、摆脱青春期烦恼教育、健康成长教育、正确处世教育、理想信念教育、坚强意志教育、人生观教育等内容,具有很强的系统性、实用性、知识性和指导性。

　　本辑共20分册,具体内容如下:

　　1.《与学生谈自我教育》

　　自我教育作为学校德育的一种方法,要求教育者按照受教育者的身心发展阶段予以适当的指导,充分发挥他们提高思想品德的自觉性、积极性,使他们能把教育者的要求,变为自己努力的目标。要帮助受教育者树立明确的是非观念,善于区别真伪、善恶和美丑,鼓励他们追求真、善、美,反对假、恶、丑。要培养受教育者自我认识、自我监督和自我评价的能力,善于肯定并坚持自己正确的思想言行,勇于否定并改正自己错误的思想言行。要指导受教育者学会运用批评和自我批评这种自我教育的方法。

　　2.《与学生谈他人教育》

　　21世纪的教育将以学会"关心"为根本宗旨和主要内容。一般认为,"关心"包括关心自己、关心他人、关心社会和关心学习等方面。"关心他人"无疑是"关心"教育的最为重要的方面之一。学会关心他人既是继承我国优良传统的基础工程，也是当前社会主义精神文明建设的基础工程，是社会公德、职业道德的主要内容。许多革命伟人，许多英雄模范，他们之所以有高尚境界，其道德基础就在于"关心他人"。本书就学生的生命与他人教育问题进行了系统而深入的分析和探讨。

3.《与学生谈自然教育》

自然教育是解决如何按照天性培养孩子，如何释放孩子潜在能量，如何在适龄阶段培养孩子的自立、自强、自信、自理等综合素养的均衡发展的完整方案，解决儿童培养过程中的所有个性化问题，培养面向一生的优质生存能力、培养生活的强者。自然教育着重品格、品行、习惯的培养；提倡天性本能的释放；强调真实、孝顺、感恩；注重生活自理习惯和非正式环境下抓取性学习习惯的培养。

4.《与学生谈社会教育》

现代社会教育是学校教育的重要补充。不同社会制度的国家或政权，实施不同性质的社会教育。现代学校教育同社会发展息息相关，青少年一代的成长也迫切需要社会教育密切配合。社会要求青少年扩大社会交往，充分发展其兴趣、爱好和个性，广泛培养其特殊才能，因此，社会教育对广大青少年的成长来说，也具有了极其重要的意义。本书就学生的生命与社会教育问题进行了系统而深入的分析和探讨。

5.《与学生谈创造教育》

我们中小学实施的应是广义的创造教育，是指根据创造学的基本原理，以培养人的创新意识、创新精神、创造个性、创新能力为目标，有机结合哲学、教育学、心理学、人才学、生理学、未来学、行为科学等有关学科，全面深入地开发学生潜在创造力，培养创造型人才的一种新型教育。其主要特点有：突出创造性思维，以培养学生的创造性思维能力为重点；注重个性发展，让学生的禀赋、优势和特长得到充分发展，以激发其创造潜能；注意启发诱导，激励学生主动思考和分析问题；重视非智力因素。培养学生良好的创新心理素质；强调实践训练，全面锻炼创新能力。本书就学生的生命与创造教育问题进行了系统而深入的分析和探讨。

6.《与学生谈非智力培养》

非智力因素包含：注意力、自信心、责任心、抗挫折能力、快乐性格、探索精神、好奇心、创造力、主动思索、合作精神、自我认知……本书就学生的非智力因素培养问题进行了系统而深入的分析和探讨，并提出了解决这一问题的新思路、可供实际操作的新方案，内容翔实，个案丰富，对中小学生、教师及家长均有启发意义。本书体例科学，内容生动活泼，语言简洁明快，针对性强，具有很强的系统性、实用性、实践性和指导性。

7.《与学生谈智力培养》

教师在教学辅导中对孩子智力技能形成的培养，应考虑智力技能形成的阶段，采取多种教学措施有意识地进行。本书就学生的智力培养教育问题进行了系统而深入的分析和探讨，并提出了解决这一问题的新思路、可供实际操作的新方案，内容翔实，个案丰富，对中小学生、教师及家长均有启发意义。本书体例科学，内容生动活泼，语言简洁明快，针对性强，具有很强的系统性、实用性、实践性和指导性。

8.《与学生谈能力培养》

真正的学习是培养自己在没有路牌的地方也能走路的能力。能力到底包括哪些内容？怎样培养这些能力呢？本书就学生的能力培养问题进行了系统而深入的分析和探讨，并提出了解决这一问题的新思路、可供实际操作的新方案，内容翔实，个案丰富，对中小学生、教师及家长均有启发意义。本书体例科学，内容生动活泼，语言简洁明快，针对性强，具有很强的系统性、实用性、实践性和指导性。

9.《与学生谈心理锻炼》

心理素质训练在提升人格、磨练意志、增强责任感和团队精神等方面有着特殊的功效，作为对大中专学生的一种辅助教育方法，不仅能够丰富教学内容，改革教学模式，而且能使大学生获得良好的体能训练和心理教育，增强他们的社会适应能力，提高他们毕业之后走上工作岗位的竞争力。本书就学生的心理锻炼问题进行了系统而深入的分析和探讨。

10.《与学生谈适应锻炼》

适应能力和方方面面的关系很密切，我认为主要有以下几个方面：社会环境、个人经历、身体状况、年龄性格、心态。其中最重要是心态，不管遇到什么事情，都要尽可能的保持乐观的态度从容的心态。适应新环境、适应新工作、适应新邻居、适应突发事件的打击、适应高速的生活节奏、适应周边的大悲大喜，等等，都需要我们用一种冷静的态度去看待周围的事物。本书就学生的社会适应性锻炼教育问题进行了系统而深入的分析和探讨。

11.《与学生谈安全教育》

采取广义的解释，将学校师生员工所发生事故之处，全部涵盖在校园区域内才是，如此我们在探讨校园安全问题时，其触角可能会更深、更远、更广、更周详。

12.《与学生谈自我防护》

防骗防盗防暴与防身自卫、预防黄赌毒侵害等内容，生动有趣，具有很强的系统性和实用性，是各级学校用以指导广大中小学生进行安全知识教育的良好读本，也是各级图书馆收藏的最佳版本。

13.《与学生谈青春期情感》

青春期是花的季节，在这一阶段，第二性征渐渐发育，性意识也慢慢成熟。此时，情绪较为敏感，易冲动，对异性充满了好奇与向往，当然也会伴随着出现许多情感的困惑，如初恋的兴奋、失恋的沮丧、单恋的烦恼等等。中学生由于尚处于发育过程中，思想、情感极不稳定，往往无法控制自己的情绪，考虑问题也缺乏理性，常常会造成各种错误，因此人们习惯于将这一时期称作"危险期"。本书就学生的青春期情感教育问题进行了系统而深入的分析和探讨。

14.《与学生谈青春期心理》

青春期是人的一生中心理发展最活跃的阶段，也是容易产生心理问题的重要阶段，因此要关注心理健康。本书就学生的青春期心理教育问题进行了系统而深入的分析和探讨，并提出了解决这一问题的新思路、可供实际操作的新方案，内容翔实，个案丰富，对中小学生、教师及家长均有启发意义。本书体例科学，内容生动活泼，语言简洁明快，针对性强，具有很强的系统性、实用性、实践性和指导性。

15.《与学生谈青春期健康》

青春期常见疾病有，乳房发育不良，遗精异常，痤疮，青春期痤疮，神经性厌食症，青春期高血压，青春期甲状腺肿大，甲型肝炎等。用注意及时预防以及注意膳食平衡和营养合理。本书就学生的青春期健康教育问题进行了系统而深入的分析和探讨，并提出了解决这一问题的新思路、可供实际操作的新方案，内容翔实，个案丰富，对中小学生、教师及家长均有启发意义。本书体例科学，内容生动活泼，语言简洁明快，针对性强，具有很强的系统性、实用性、实践性和指导性。

16.《与学生谈青春期烦恼》

青少年产生烦恼的生理原因是什么？青少年的烦恼有哪些？消除青春期烦恼的科学方法有哪些？本书就学生如何摆脱青春期烦恼问题进行了系统而深入的分析和探讨，并提出了解决这一问题的新思路、可供实际操作的新方案，内容翔实，个案丰富，对中小学生、教师及家长均有启发意义。本书体例科学，内容生动活泼，语言简洁明快，针对性强，具有很强的系统性、实用性、实践性和指导性。

17.《与学生谈成长》

成长教育的概念，从目的和方向上讲，应该是培育身心健康的、适合社会生活的、能够自食其力的、家庭和睦的、追求幸福生活的人；从内容上讲，主要是素质及智慧的开发和培育。人的内涵最根本的是思想，包括思想的内容、水平、能力等；外显的是言行、气质等。本书就学生的健康成长问题进行了系统而深入的分析和探讨，并提出了解决这一问题的新思路、可供实际操作的新方案，内容翔实，个案丰富，对中小学生、教师及家长均有启发意义。

18.《与学生谈处世》

处世是人生的必修课，从小要教给孩子处世的技巧，让孩子学会处世的智慧，这对他们成长至关重要。本书从如何做事、如何交往、如何生活、如何与人沟通、如何处理自己的消极情绪等十个方面着手，力图把处世的智慧教给孩子，让孩子学会正确处理复杂的人际关系。本书体例科学，内容生动活泼，语言简洁明快，针对性强，具有很强的系统性、实用性、实践性和指导性。

19.《与学生谈理想》

教育是一项育人的事业，人是需要用理想来引导的。教育是一项百年大计，大计是需要用理想来坚持的。教育是一项崇高的事业，崇高是需要用理想来奠实的。学校没有理想，只会急功近利，目光短浅，不能真正为学生终身发展奠基；教师没有理想，只会自怨自艾，早生倦意，不会把教育当作终身的事业来对待。学生没有理想，就没有美好的未来。本书就学生的理想信念问题进行了系统而深入的分析和探讨，并提出了解决这一问题的新思路、可供实际操作的新方案，内容翔实，个案丰富，对中小学生、教师及家长均有启发意义。

20.《与学生谈人生》

人生观是对人生的目的、意义和道路的根本看法和态度。内容包括幸福观、苦乐观、生死观、荣辱观、恋爱观等。它是世界观的一个重要组成部分，受到世界观的制约。本书就学生如何树立正确的人生观问题进行了系统而深入的分析和探讨，并提出了解决这一问题的新思路、可供实际操作的新方案，内容翔实，个案丰富，对中小学生、教师及家长均有启发意义。本书体例科学，内容生动活泼，语言简洁明快，针对性强，具有很强的系统性、实用性、实践性和指导性。

由于时间、经验的关系，本书在编写等方面，必定存在不足和错误之处，衷心希望各界读者、一线教师及教育界人士批评指正。

编者

目　录

第一章

社会适应因素的教育指导

1. 学生社会适应能力的培养

社会主义市场经济体制的确立，毕业生就业制度的改革与发展，不仅给中等职业学校学生就业成才开辟了广阔的前景，而且在中等职业学校学生社会适应、职业选择等方面提出了许多新的课题。在新的历史条件下，如何正确引导中等职业学校学生认清形势，树立正确的择业观和成才观；帮助学生做好择业准备、确立正确的择业意识、掌握择业技巧；引导学生成功地走向社会，尽快地实现"角色"转变，不断完善和提高自己，在未来事业中奋发成才，这是摆在我们面前的重要任务。

中等职业学校班主任应配合学校将学生社会适应能力的培养作为对学生实施全面素质教育的一项必不可少的工作。

中等职业学校学生所面临的适应问题主要有两个：一是学习适应，另一个是社会适应。学习适应主要是指，刚刚步入新的学校，生活环境的变化，学习方式的变更等，这些在班主任和老师的帮助下能尽快适应起来。社会适应主要是培养学生如何适应社会的能力，对学生来说社会适应比学习适应重要得多。

班主任培养学生社会适应能力的方法

（*1*）帮助学生确定目标，认识自我

学生中常常听到这样一种叹息："干什么都没劲"。究其原因，归结为一点：没有明确的目标。目标是力量的源泉，确定了目标，就确定了行动的方向，由此产生了达到目标的愿望和动力，从而能积极地行动起来。一个不断进取的人，必定是个生活十分充实的人。进入中等职业学校，并不意味着目标的实现。当代社会对学生的要求是全方位的，要让学生知道，进入中等职业学校学习，只是得到了一次培训的机会。

学校的学习条件很好，校园生活对学生有潜移默化的熏陶作风，这是学生的潜在优势。把这种优势发挥出来，一方面需学生自己的努力，另一方面需班主任的引导。每个学生，不可能一生作学生，最终都要走向社会。因此，要使每个学生都有紧迫感和危机感，有了压力，才能真正行动起来，更好地塑造自己、完善自己。

每个学生都应该有一个优化自己的方案，这个方案应该包括如何对自己的未来有个切实的规划。规划中，最重要的就是目标的确立。如何对自己有个现实规划？这是成功人士与一般人士的一个重要区别。我们对学生实施教育的时候，应该点燃他们潜藏在内心的成功欲望。

目标的确定必须建立在恰当、全面地认识自我的基础上，也就是要和学生自身的心理特征、性格特征、能力特长相适应，如果目标确定得不合适，也会影响到学生自身的行为及结果。有的学生确定的目标太高，脱离了自己的实际，引起失望、沮丧，失去信心。如果总是制定这样的目标，就可能经常体验到这种消极情绪。这对学生来说，是极不利于个性的进一步完善的。

心理学家认为，人们获得的成功经验对促进心理健康是极为重要的。获得成功将产生愉悦情绪体验，是一种强烈的、醉心的、兴奋的情绪，它使人体验到自己的力量，产生自信心和决断意识，并引发继续向前的强烈欲望。这是人们自强不息的强大推进力。班主任在帮助学生制定目标时，应使他们充分认识自我，帮助他们根据自己的实际情况，确定出具体可行的目标。

（2）教育学生正视现实，调整自我

当代中国，改革的步伐越来越快，而且已影响到社会与个人生活的各个方面。个人价值观和社会评价都发生了极大的变化，这种变化是迅猛的，给每一个社会成员都带来或多或少的冲击。竞争机制的全面引入，使越来越多的社会成员感到危机与压力。

同时，在社会新旧体制交替之时，必然会有许多制度还不完善，存在许多不合理的地方，加上社会的发展变化有其内在的规律性。因此，初出校园的学生，往往会轻视社会的复杂性及其深刻内涵，按自己的意愿来看待甚至设计让会。事实上，不是学生去设计规划社会，而是自然和社会塑造了学生。每个学生的成长、身心状况，并不全是自我选择的结果。班主任应教育每位学生充分尊重现实，对待自然和社会。

从有关调查来看，学生走向社会时所遇到的主要问题具体表现为：工作环境不满意，不能发挥自己所长；不能建立良好的人际关系。而这些又常常是交织在一起的。对工作环境的不满意，可能是由于专业不对口，也可能是由于急于发挥自己的专长，忽视了客观限制；还可能是有些好高骛远，只想做大事，不愿从小事做起；学生在校园里生活久了，可能会对工作中许多条条框框的限制产生抵触情绪。如果学生不能很好地适应环境，将不可避免地会给同事留下不好的印象，再加上年轻气盛，就造成了人际关系的紧张与压抑。而这种状况，反过来又加剧了对工作环境的不满。

因此，班主任应教育学生能面对现实，注意以现实的眼光看待生活，客观地评价所处的环境及自身的条件，学会建立良好的人际关系，以便将来能更好地去适应社会。

（3）教育学生积极乐观，完善自我

积极乐观地对待生活，这种态度对人的行为影响是广泛而持久的。学生如果具备了这种人生态度，就会对自己的工作、学习和生活有相当的热情，能客观地对待自己和他人，以愉快的眼光去看待事物，并可以消除很多心理障碍，使自己的心理潜能在这种愉悦而又平和的环境中得到充分的发挥。这种乐观向上的生活态度促进了他们生活的各个方面，使他们从中得到更多的乐趣。

因此从本质上说，乐观积极的态度是学生心理健康的最主要的品质，是走向自我完善的最重要的特征。乐观积极的态度的培养可以从下面三个方面进行：

①体验现实的幸福感

乐观是一种态度，是一种相对稳定的弥散性的心理品质，是人在对事物进行评价时的一种倾向。它的背景是"此时此地"，是当前。很多学生在即将走向社会或开始走向社会时，总是有一种回避的倾向，总是想回到过去的校园生活，或者自己为自己编织一个梦想，幻想"终有一日，如何如何"。

然而，培养乐观的生活态度，就要让学生注意既不能过于重视过去的不幸和创伤，也不能过分沉迷于对未来的渴望与幻想。让他们知道应以现实作为坐标，注重当前生活中的现实世界，努力在当前生活中找到快乐与美好。幸福不应该是虚幻的，它来源于对生活的常新体验，能在习以为常的生活中品尝到激动、欢悦的情绪，这需要积极的价值观和对生活的敏锐的洞察力。

再平凡的生活，都蕴含着美好的东西。关键是要有一颗善于体察的心灵。从现在开始，体验到当前的充实愉快，有助于学生面对现实，从现实出发做好走向社会的心理准备。这是积极态度的起点。

②对待他人学会宽容

一个对事对人对己都十分苛刻挑剔的人，是不可能有积极乐观的态度的。要让学生学会宽容，学会坦然地接受一些不尽如意的现实：也许我的长相不帅也不漂亮；也许我的家境很贫穷；也许我的智商不高情商高，而且我很勤奋，也许我很平凡，虽有自己的特长，但并不全能；也许我的某个朋友会让我感到失望；也许我的老师有些急躁；也许这次考试我可能会发挥不佳……以后走向社会，可能会省更多的不如人意；所在的单位可能会比较一般，单位的领导可能比较保守，同事也可能会有些俗气……面对这众多的不足，如果哪一个学生斤斤计较于每一点过失，每一块瑕疵，那么他的心灵就永远得不到松弛。

因此，我们要让同学们学会以现实主义的态度对待现实，善待自己，善待他人，坦然地接受自己，接受他人，接受社会，明白天才稀有，而平凡几乎是所有人的命运。在平凡的生活中，善用自己的技能与心灵，便能丰富这平凡的生活。了解人人心中都会有失意存在，健康成熟的人愿意快乐而又勇敢地接受这不那么完美但依然可爱的生活。

③学会化解消极心理为积极心理

大家都知道，心理学中有一个十分著名的图。在这个图中，如果把黑色作为背景，画面显示的就是一个花瓶；如果把白色作为背景，画面则成了两个相对的人的侧像。背景的改换，引起了整幅画面的改变。从这幅图上，可以得到一个启发：对同一个问题，如果换一个角度看，可能就会有不同的结果。

因此要让学生明白，在将来面对社会时，不可避免地会遇到这样那样不顺心的事，会引起种种不愉快的消极心理反应。要告诫他们不要轻易被眼前的现象束缚住，一旦跳出目前的视角，换一个角度去看，也许事情就没有那么糟糕，甚至还可以发现事物本身还有它有利的一面。如果在日常生活中，能跳出自己习惯的思维定势，学会逆向思维，换位思考，对自己、对他人、对世界都能从正反两方面去看待，表现出一种灵活性，那么，乐观的态度就比较容易保持下去，自己也能不断地完善、成熟。俗话说："塞翁失马，焉知非福？"

总之，班主任要培养学生良好的社会适应能力，就必须要让学生在充分认识自我的基础上，学会调整自我，不断完善自我。要帮助学生确定目标，学会面对现实，以良好的人际关系和积极乐观的态度去适应社会。

2. 学生社会意识的培养

当前，我国正在搞社会主义市场经济，作为上层建筑的教育，如何适应和促进市场经济的发展，是学校教育面临的新问题。我们的学生，作为跨世纪接班人和建设者，头脑里应该装有适应社会主义市场经济发展需要的必备的"社会意识"，而这个"意识"的产生，一方面是学生对市场经济社会的接触反馈；另一方面也是更重要的是需要学校在教育教学中重视引导与树立。从现有的学生情况和社会情况看，要树立两个"意识"，即做现代人的社会意识、环保意识。

树立做现代人的社会意识

什么是现代人？现代人就是要掌握现代的科学文化知识与技能，要能适应现代的社会生活，要始终走在时代的前列。按现代教育观念对人才素质的要求，学生的现代意识包括：惜时、讲效益、守信誉、竞争与合作、自主自立、民主与法制等。

现代教育发展的史实表明，社会生产的发展，科技成果的推广和应用，劳动者素质的提高都必须以现代教育的发展为依托。同时，在现代社会中，教育要维持自身的生存并得以发展，真正发挥出教育的功能和作用，就必须从宏观到微观建立起教育与生产劳动相结合的有机整体，两者在相互作用中不断完善和发展。由此看来，发展现代教育，首先要使我们的学生树立做现代人的社会意识。

如何树立起做现代人的社会意识

（1）挥各学科特长，注重培养学生的能力

学校要坚决贯彻邓小平关于"三个面向"的教育思想，贯彻党的教育方针，深化教育改革，全面推进素质教育，领导与全体教师要形成共识，要改变陈旧的教学方法，教学思想，学校教育要适应现代市场经济社会对人的素质的要求，注重培养学生的各种能力。特别是创新精神和实践能力，思想政治课教师在教学中应该有意识地讲清市场经济社会的特点是：工作高效率、高节奏、高科技，人们交际频繁等。这样的社会要求人们反应敏捷、听得懂、说得清、读得多、写得快、懂交际、能办事，有一技之长。这种意识一旦被学生接受，则会成为学习的动力，成为做现代人的动力。

教师要充分发挥学科特长，注重教法改革，提高学生的能力，全面提高学生的素质。以思想政治课为例，自学、思考、辨别、归纳总结、分析、解决问题，参加社会实践等能力，都是现代社会生活所不可缺少的。要在教学中注意摒弃要学生单纯地死记硬背概念，教材的教法。教学中注重启发、培养学生自学教材，归纳教材，理解教材中的基本理论、基本观点，更重要的是培养、提高学生运用学过的马克思主义基本理论，观点去分析、说明、解决国内外实际问题等能力，即是教学生掌握理论武器，学会了解、观察、分析世界，寻求解决问题的答案。

（2）鼓励支持青少年学习现代知识

发展社会主义市场经济的最终目的就是不断发展社会生产力。科学技术是第一生产力，只有掌握现代科学文化知识与技能，才能进一步完善社会主义市场经济体制，发展社会主义市场经济。作为培养社会主义人才的学校应努力创造条件把现代化的教学手段广泛地运用到教学教育中去，创造一种现代教学环境，并探索创办现代教育模式，让学生在现代科学文化知识氛围中进一步树立做现代人的社会意识。为更好地适应社会主义市场经济的发展需要，应该鼓励和支持青少年学习各种现代知识、技能。

据中国青年报和全国青联 98 年底联合完成的《中国青年眼中的20 年》的大型读者调查显示，在被调查的青年愿意自费学习的技能中：大多数青年选择了计算机、外语、驾驶和法律，四分之一左右的人分别选择了金融知识、公共关系、工商管理、财务、修理技术以及烹调，十分之一多的人选择了国际贸易、歌舞乐器、广告设计、文秘、武术和服装设计；调查显示，新的、能代表当前社会发展潮流的技能逐渐为青年所接受，成为青年们学习的新热点。"电脑"、"驾驶"、"外语"，作为全球化和信息化时代的基本技能，首先成了当代青年人竞相学习的热点。

可以预期，随着社会的进步、发展，"不断充电"对于生活在社会主义市场经济时代的青年人来说，是一种不可改变的大趋势。社会大环境和学校，教师的不懈努力，我们的学生做现代人的意识将会逐步树立和增强。

（3）课程内容对培养现代化的人具有决定意义

在课程内容上要正确定向，摆脱"应试教育"的运作模式，课堂教学要以转变教育观念为先导，按照素质教育的目标和要求进行改革，使课堂真正成为素质教育的主阵地；在课程内容的深度上要准确定位，做到先进性和基础性相统一。课程内容必须坚持邓小平"三个面向"的指示精神，充分估计到现代科学技术的发展趋势，体现先进性。在课程内容的深难度要求，不能定位于培养和筛选精英上，而是定位于面向全体受教育者，有利于每个学生生动活泼充分的发展；在课程内容的育人目标上，要明确定格，着眼于培养现代化的人。

今年年初，国家教委举办的全国省级教研室主任研修班《情况通报》指出，新课程改革的依据之一，是"任何学科都不能成为课程的中心，儿童的发展才是课程的中心"。把儿童少年培养成为现代化的人，决不仅仅是知识的增加，使他们变成"知识的容器"，而是如陶行知先生说的："必须取得现代的意识，学会现代的技巧，感受现代的问题，并以现代的方法发挥我们的力量"；"必须参加到现代生活中去，与时代促进，才能做一个长久的现代人。"

树立正确的环保意识

《中国教育改革和发展纲要》指出："谁掌握了面向 21 世纪的教育，谁就能在 21 世纪的国际竞争中处于战略主动地位。为此，必须高瞻远瞩，及时筹划我国教育事业大计，迎接 21 世纪的挑战"。《纲要》对现代教育的论述十分明确：教育必须"高瞻远瞩"。只有"高瞻远瞩"才能坚定信心，努力奋斗。要更好地"高瞻远瞩，必须正确地认识当前现实"。

我们生存环境的现实是当前很重要的现实。如果说，树立做现代人的社会意识是一种时代意识，那么，让学生树立正确的环保意识则是一种"危机意识"。这种危机意识是高瞻远瞩的意识。因为马克思说过，人是环境的产物，又是环境的塑造者。地理环境既是人类赖以生存和发展的基础，同时也以不同的方式对人类的生存和发展施加影响。

人类正是通过劳动和创造，与环境密切联系，互相制约，互相影响而逐渐发展起来，并创造富有特色的文明。但是，如果人类违背自然规律，没有环保意识或环保意识淡薄，肆意掠夺，破坏环境，造成人类面临的共同危机。自然生态平衡的严重破坏，人类也会遭到自然的惩罚，我国社会主义市场经济体制的建立和现代化建设就无法顺利进行，去年洪灾给我国经济建设和人民生命财产所受的严

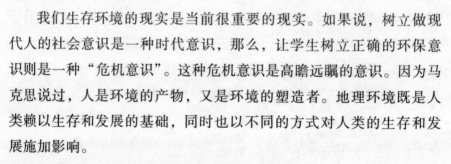

重损害值得引起我们深思。青少年是我国跨世纪的建设者和接班人，他们今天环保意识的树立，学校应自觉肩负教育与引导的责任来。

（1）利用教材，发挥学科特长

学校和教师要从人类的生存发展和我国经济建设可持续发展的战略高度认识环保的长远意义，充分利用教材对学生进行环保教育，如地理科教学在环保教育方面有优势。教师应有意识，采用比较法启发学生树立环保意识。如：把世界各国的森林覆盖面积与中国比；各国的自然保护区与中国比；世界著名城市的绿化、卫生等状况与中国比；也要拿中国其他各省市的环保问题与本地区比。通过一系列比较，学生对环保问题的认识就会在潜意识中开始形成。

（2）实地察看学习，形成意识

学校和教师有计划地组织学生实地看看周围生活的，学习的环境，自己所在区的环境状况，有的学科还可以组织学生进行环境问题的调查，在教师的指导下写调查报告，小论文等，也可举办环保夏令营、冬令营等。学习环保知识，开展环保活动，促进学生意识到环保问题的重要性与紧迫性，意识到环保问题对经济发展和人民生活，生存的影响。培养学生热爱绿色，热爱地球，热爱生命。同时，也可以各种形式让学生学习环保工作做得好的典型。

（3）参与实践，牢固环保意识

学校应主动配合政府部门，组织学生参加义务植树活动，提高绿化意识，发动学生积极参与环保宣传；如办环保报刊，编唱环保歌曲，环保征文竞赛，搞环保文艺表演等，使学习环保，宣传环保，参与环保活动深入人心，学生从实践中增强环保的自信心和责任感，牢固环保意识。

（4）从小树立环保意识，从自身做起

学生从小就树立环保意识，也有利于自身以健康成长，体现在行动上，要从身边小事做起，从自己做起，如在学校、家庭、社会、自觉地爱护花草树木，保持良好的卫生习惯，行为习惯等。同时对危害、损害自然环境的行为和习惯大胆批评、斗争。科学技术与环境保护是息息相关的，要引导青少年学生从小爱科学，学好科学文化知识，将来为环境保护事业做更大贡献。

列宁说过，"没有年轻一代的教育，未来社会是不能想象的"。我国正处在建立社会主义市场经济体制和实现现代化建设战略目标的关键时期，学校在深化教育改革，全面推进素质教育中，培养和树立学生的社会意识不仅仅是做现代人意识和环保意识，还应该培养学生树立社会公德等意识，特别是推进素质教育进程中，培养学生的创新意识和创新精神显得极其重要。但是，无论哪一种社会意识的树立，目的都是朝着造就适应和促进社会主义市场经济发展需要的"有理想、有道德、有文化、有纪律"的德智体美等全面发展的社会主义事业建设者和接班人。

3. 学生社会实践能力的培养

当普通话逐渐成为校园语言时，学生在校内说规范口语已初步养成习惯。我们就积极引导学生，让普通话进入家庭、进入社会，去影响身边的人，并让规范的口语为我所用，为大家所用，从而促进了农村的文明建设，培养了学生的社会实践能力。

校门外使用规范口语，促进规范口语社会化为

为了让规范口语进一步得到巩固并它进一步得以推广，我们从目前全国轰轰烈烈推广普通话，以及许多世界友人也学习普通话的情况，结合社会上一些因不讲普通话而引起笑话，给生活带来不便等方面对学生进行思想教育，积极引导他们与家长、朋友、亲戚、邻居等谈话时敢说、多说规范口语，不断鼓励做得好的同学，促进规范口语的社会化。于是，我们不仅能在路上听到学生甜甜地说"老师好！""老师再见！"同学之间用规范的口语进行交流，还听到许多家长反映，他们的孩子在家里与家长、邻居间谈话都能用普通话，甚至要求对方也用普通话。

有一位一年级的小朋友的家长跟老师反映，他的孩子在家都说普通话，还要求家人都说普通话，就连未上过学的奶奶也不例外，可奶奶不会讲普通话，孙子就主动当起奶奶的"老师"，天天教奶奶说普通话。在孩子的影响下，奶奶的普通话大有进步，现在也能较流利地用普通话与人对话了。由原来校内也用方言，到现在规范口语走向社会，这是多么可喜的变化啊！

能用规范的文明语言解决一些社会实际问题

由于使用了规范的口语，学生的粗话、脏话渐渐减少，取而代之的是文明的礼貌用语，学生的精神面貌发生了巨大的变化。特别是《道歉语言》公开课后，在校内引起了很大反响，各教师纷纷效仿，也上了《道歉语言》的口语训练课，于是校园内外，文明之花遍地开，"对不起"、"没关系"、"请原谅"、"谢谢"等语言不绝于耳。学生不但能用规范的口语解决同学之间发生的事，还能处理社会上的一些麻烦小事，排解纠纷。

如一学生在一次放学的路上，与一青年的自行车相撞，那青年立即火冒三丈，眼看一场"战争"就要爆发。那学生立即向青年道歉，很有条理地用规范语言向对方讲明自己的错误，然后再一次诚恳地请对方原谅。那青年见此情景，火也消了，还直夸他是个好孩子！一场"战争"避免了，规范语言发挥了神奇的作用。这样的事例还有很多。此外，一些学生能主动尊敬老人，劝解家长孝敬长辈等，解决了不少社会实际问题。

使用规范语言，能提高学生适应社会的能力

我们生活在社会上，许多场合都要使用口语，所以，我们有意识地加强"口语为社会服务"的方面的训练，提高学生适应社会的能力，如交际能力、经销能力、明辨是非能力等。

规范语言可以激发学生说的兴趣，使学生纷纷谈论国家大事或社会新闻。

我们在"晨间谈话"及"口语训练活动课"中让学生一谈论印象深刻的电视新闻，谈论自己见到的最新消息，把这些学生喜欢谈论的话题抛给学生，大大激发了学生说话的兴趣，如"西部开发问题"、"对贪污受贿的治理"、"台湾问题"等，以及身边发生的热点新闻，如"海警战士奋力救学童"、"拾到巨款还失主"、"安全帽中隐藏的危机"、"十七万元买两块银元"等事。无疑，对培养学生社会实践能力有不可低估的作用。

4. 学生"亲社会行为"的培养

"亲社会行为"是心理学中的一个术语，是指人们在共同的社会生活中表现出来的谦让、互助、协作和共享的有益行为。通俗地说就是利他行为和助人行为。它并不企图得到任何报酬或奖赏，目的只是在于为他人或大多数人谋利益，是一种高度社会化了的行为。我们的社会要发展和进步就需要这些高度社会化了的人们来推动，因此，只有培养学生的"亲社会行为"，达到人的成功的社会化，才能使我们个人与我们所属的群体之间协调一致，遵守社会规范，维持社会秩序，恪守道德标准，承担公民义务，发挥社会积极性。

反之社会化有缺陷的人就难以自觉地形成高尚的道德观念，甚至会一味追求个人利益而违背道德，违反法律，出现反社会行为。

学生缺乏"亲社会行为"原因

首先，学生的亲社会行为不是一生下来就有的，按照皮亚杰认知学派的观点，幼儿是不可能有一心为公的亲社会行为的，他们的认识是以自我为中心的，他们只能站在自己的立场上来看待周围的事物。由此可见，学生的"亲社会行为"是要靠学校教育来完成的。

其次，家族教育也在影响着学生的"亲社会行为"。随着我国独生子女的普及，家长们对孩子都是百般呵护，生怕孩子吃亏。家族中家长给学生创设了一种唯我独尊、唯利是图的环境，使学生变得更自私。学生又怎能会有亲社会的行为呢？

再次，社会环境的不良影响造成了学生缺乏"亲社会行为"。有人曾形象地打过这样一个比喻，$5 + 2 = 0$ 意思是说学生在校五天的教育加上双休日两天的社会生活，教育效果等于零。的确，一个个因助人为乐而受诬陷或陷入是非之争的事例在影响着学生，影响着社会。谁还敢轻易去"亲社会"呢？

最后，产生学生缺乏"亲社会行为"的主要原因在于当前我们教育存在的问题，教育的最终目的在于人的社会化，我们培养的人将来都要走向社会，走向生活，成为陶行知先生主张的"人中人"。

《国家课程改革意见》中明确指出新课程体系强调培养学生良好的思想政治素质、道德品质、公民意识和社会责任感。我们的教育是培养具有责任感的现代公民，我们的学生将来都要走向社会。我们不培养学生"亲社会的行为"，学生又怎能去适应社会呢？长期以来由于我们受"左"的教育思想的影响，我们德育的范围仅存在于校内，教育内容空洞单调，教育形式单一，缺乏在实践中对学生进行教育，造成了德育的苍白无力，造成学生缺乏"亲社会行为"。

由此可见，培养学生的亲社会行为已成为德育中不可忽视的重要方面，是摆在我们教育工作者面前的重要课题。

培养学生"亲社会行为"的方法

首先，应该在学校教育中潜移默化地培养学生的集体认同感，让每个学生都感到自己是集体中重要的一员，从而使学生树立对集体的责任感，为培养学生的"亲社会行为"奠定坚实的思想基础。陶行知先生曾明确指出："学校教育的任务就在于把学校与社会、教育与生活密切联系起来，正确组织学生的集体生活，通过丰富、有教育意义的集体生活，集体与个人的相互作用促进儿童个性的多方面发展。"

因此，通过班集体对学生进行"亲社会行为"的教育是具有一定现实意义的。教师可以在课堂中开展一些活动，比如，"我是重要的"主题队会，评选"本周荣誉学生"活动，开展的"一日常规"检查评比，开展"我的行动对其他的同学有什么影响，对作为一个集体的班级有什么影响"的大讨论活动。如果班级里来了新同学，引导大家主动承担起责任："我们怎样才能让新同学感到这儿就是他的家"？这些细微之处，也都渗透着对培养学生的亲社会行为的影响。

其次，教导学生学会欣赏他人，赞扬他人，感激他人，是培养学生亲社会行为的重要方面。人是组成社会的基本单位，没有人就无从谈社会。因此，从另一个角度来说，培养学生的"亲社会行为"的过程，就是培养学生人际协调、相互认可支持的过程。为了给学生提供彼此欣赏的机会，为促进学生进一步关心和帮助他人，在班级设定"感激时间"，即周会课，是孩子们固定的相互感激的时间。

再次，教师要善于创设情境，运用"移情训练"培养学生的"亲社会行为"。移情训练就是要培养学生善于体察别人的情绪，理解别人的情感，从而达到共鸣。这其实也是一种培养学生爱心的训练。平时在学校生活中，与别人交往中教师有意识地创设情境，让学生设身处地、将心比心地体会别人的情感，这样才能引导学生用自己的实际行动来关心别人。在学生中形成"你有困难吗？我帮你"的氛围，促进"亲社会行为"的培养。

最后，教师应经常带领学生走向社会，在实践中培养学生的"亲社会行为"。德育规律告诉我们，德育必须同实践相结合，一旦脱离了实践也就失去了意义。可见，培养学生的亲社会行为不能脱离实践，不能抛开社会生活。实践中我们组织学生开展社会公益性劳动，如：义务擦洗公共设施，义务宣传法律，宣传环保，我们还可以组织学生开展手拉手互助活动，还可以在社区成立便民服务队等。

孩子是我们的希望，我们的未来，为了让我们的社会充满爱，人与人之间互相帮助，不再发生令人齿寒的事情，广大教育工作者们，让我们共同培养学生的亲社会行为吧！

5. 青少年法律意识的培养

法律意识的培育，特别是宪法、法律至上观念的培育，成为推进依法治国的观念先导和基础。由于中国传统社会的影响，广大社会成员法治观念淡薄，成为推进法治进程的观念障碍。在全社会成员中逐步形成对法律的信仰，树立法律至上的观念，是实现我国法治化的基础性工程。正如邓小平同志所说："要讲法制，真正使人人懂得法律，使越来越多的人不仅不犯法，而且能积极维护法律！"特别是青少年学生，加强法治教育，提高其法律意识，成为学校德育工作的新课题。

培养青少年学生的法律意识具有客观必要性

法律意识是社会意识的一种特殊形式，"是人们对现行法律现象的思想、观点、知识和心理的总称。"法律意识对法律的制定、实施，公民遵守和执行法律发挥着重要的作用。在学校德育工作中，加强青少年学生的法律意识培养具有客观必要性和现实意义。

（1）从现代学校管理角度看

现代学校德育管理已随时代的变迁在内容、形式和对象上有了新的变化和发展。表现在：内容上由单纯的思想品德教育发展到思想品德、心理、法律三位一体；形式上由原来的单纯说教发展到双向互动，发挥学生的主体性；对象上学生思想已随着社会变迁越来越复杂多变，价值取向、人生观选择、世界观视角多样化。这些变化发展现象迫使我们的德育工作必须紧随时代变迁，及时弥补工作中的不足，开展各项活动，培养学生法律意识已刻不容缓。

（2）从社会的维权需要来看

加强青少年学生法律意识，使其学会自我保护的能力，成为德育工作的迫切之需。

在依法治国的背景下，人们的权利意识逐渐得到张扬，在抚养和教育子女过程中对子女的权利维护意识趋于浓厚。对于在学校发生的子女合法权益受侵事件，诉诸法律途径解决纠纷已成为家长们的首要选择，同时这给我们的教育工作者提出了更迫切的任务，即加强教师、学生的法律意识培养，教会学生自我保护的能力，避免纠纷的发生。

（3）从学生的健康成长来看

法律意识是学生素质结构中重要组成部分，现代社会是一个竞争激烈的社会。它需要高素质复合型的人才，一个人的素质结构中不但要求有高智商、能力强、高质量文化素养，还要有浓厚的法律意识和健康的心理。学生学法、懂法、守法把法律作为自己行为的首要标准，树立宪法法律至上的观念是新时代的客观需要，也是时代给学生素质结构提出的新要求。作为教育工作者应主动适应这一新情况，加强学生的法律意识，这是学生健康成长全面发展的需要，也是学校推进素质教育的必然选择。

（4）从青少年违法犯罪现实看

加强青少年法律意识培养迫在眉睫，近几年，在司法实践中，青少年违法犯罪在社会总体违法犯罪人数中的比例，已明显上升。这除了青少年受社会中拜金主义、享乐主义思潮的影响，新形势下青少年价值观、人生观错乱迷惘的原因外，法律意识不强，法制观念淡薄也是青少年误入违法犯罪歧途的一个重要原因，审判实践中，青少年对自己的行为已构成违法犯罪认识不清，甚至不知晓者大有人在。新一代的法盲又在诞生，由此产生的法盲悲剧不断上演，这再次警示社会各界，尤其是教育界，加强青少年的法律意识培养刻不容缓。

全方位培养青少年学生的法律意识

法律意识本身具有层次之分，它是由法律心理和法律思想体系两部分构成。从个体的法律意识状态及其调节行为的角度，人们又把法律意识视为法律认知、法律情感、法律评价的有机体。作为基础教育的德育工作，应把培养学生的法律心理作为关键，要求学生通过自我主动学习有关法律知识，形成法律认知，通过学校的外在纪律，帮助学生初步形成对法律的情感和评价（守法即自由，违法受处罚）等。

（1）强化和优化法律知识的课堂教学

法律课堂知识教学是学生获得法律知识，形成对法律认知的主要途径，也是学校德育中法律教育的主阵地。在法律教学过程中要做到以下几点，以期达到法律意识的培养。

第一，提高教师，特别是中学政治教师的法律素养。这是有效实施法律教育的必备条件。很难想象一个自身对法律毫无感知的教师如何传授学生法律知识，更何至于培养学生法律意识。

第二，优化课堂教学，提高法律课的实效。法律知识本身较为枯燥，甚至对于中学生来讲晦涩难懂，这就要求法律教师应在教学中，适当地引进案例进行教学，案例要求具有典型性、与日常生活联系紧密性，在教师假定的情景中，让学生接受法律知识并初步培养学生的法律情感。另外，教学中不应单纯讲解法律知识，更应注意法律意识的培养，如讲"消费者的合法权益保护"的内容时，不但讲消费者依法享有的权益内容，更主要是消费者要有权利意识和维权观念，注意保护自己的合法权益。

第三，法律知识的传授不应仅在初中二年级开设，应贯穿于中学六年中。只要妥善设置教学内容、适宜安排课时，在实践中应该是可行的。另外，法律意识的培养，不仅仅是在政治课教学中，应是基础教育的各学科共同的任务，应根据不同学科的特点和规律，适当穿插法律知识的讲解和法律意识的培养。

（2）学校增强培养青少年法律意识力度

德育工作的主要目标之一就是教育学生掌握正确的道德准则规范，并内化为内心的信念和思想道德品质，形成明辨是非、抵制不良影响的自觉性，从而起到防患于未然的预防作用，这就要求学校在开展德育工作时要把学生法律意识的培养自觉地贯穿于整个工作中，具体做到：

第一，班主任工作中要帮助学生形成正确的世界观、人生观和价值观。通过开展个别教育与整体教育的形式，利用正面教育和反面教育的方法，引导学生要想获得自由，必须以遵守纪律为前提，帮助正确处理纪律与自由的关系，使学生在日常生活中明白可以做什么，不可以做什么，始终以纪律、法律作为行动的首要标准，并以此规范自己的行为，使学生逐步形成纪律法律至上的观念和信仰，达到培养其法律意识的目的。

第二，学校管理方面，应根据学校的具体情况和条件聘任从事司法工作的高级人员为学校的兼职法律领导人员。要求所聘任的司法人员具有扎实的法律专业知识和丰富的司法实践经验，以便对学校的法律教育工作给予有效的指导。

第三，学校总体管理中，应加大法制宣传的力度，形成良好的校园文化环境，增强学习法律的氛围。学校在德育工作中，可开展多种形式的活动如：文艺演出、专题讲座、观看影片、实地参观、知识竞赛、组织到法院旁听、组织模拟法庭、请一些已认罪伏法，表现较好的青少年罪犯现身说法，使学生在已有法律认知的基础上，形成对法律的喜好情感和良好评价。进而达到培养和增强法律意识的目的。

（3）帮助家长培养自身的法律意识

家长属于社会的一部分，其法律意识的培养和提高不单是整个依法治国的要求，也是实施家庭教育帮助学生培养法律意识的关键所在。这就要求家长自觉学习有关的法律知识，以身示范做出守法榜样，帮助学生增强自我保护的能力，同时，发现自己子女有违法犯罪倾向的应及时予以制止和纠正。另外，学校可以通过家长学校教授一些法律知识和教育方法，通过一切可能的途径，帮助家长正确实施家庭教育。

总之，要经常地在学生中开展纪律教育法制教育，增强他们的纪律法制观念，使他们懂得遵纪守法的道理。在对学生实施德育工作中，通过各种方法和途径，加大法律意识培养的力度，以适应社会、国家发展的要求，保证学生健康成长和全面发展。

6. 小学生的社会适应性培养

学生的社会化是在家庭、幼儿园、学校和社会各种途径相互作用下逐渐形成的。小学教育是对儿童社会教化的高一层次的社会机构，是儿童社会化过程的一个转折点。法国心理学家瓦龙把儿童从幼儿园进入小学，称为他们从"主观或个性时期"进入"客观时期"的一个转折点。

做学生的良师益友，创建温馨的班集体，是帮助儿童迈好学校生活的第一步，使儿童自然、顺利地适应校园的学习生活，是促进儿童社会化发展的关键。

创设优雅的班级文化，激发儿童对校园生活的渴望

入小学学习是绝大多数儿童的迫切愿望，儿童怀着兴奋的心情来到学校，然而入学的新生往往对校园的环境、老师感到陌生，易产生心理上的紧张和恐慌。为了消除学生这种初入学的不安情绪，新生入学之前，精心地美化班级教室，让班级每一堵墙都会说话，用美观而富有教育意义的文化环境来迎接新生的到来。幸福的生日台，整齐艳丽的生字卡车厢，亲切熟悉的巧手园地，激起了儿童对校园生活的渴望。

建立良好的师生关系，培养儿童角色意识能力

初入学的儿童年龄较小，他们的自理能力，认知能力较弱。处理生活中的问题，常依赖于教师的指导。因此，平等、亲密的师生关系，对儿童的社会化发展有着及其重要的作用。生活中，主动与学生交朋友，与他们聊天，做游戏；关心他们的生活，帮助他们梳辫子、钉扣子、拉拉链；提醒他们随着天气变化增减衣服。亲密的接触，使他们对老师更加的信任，孩子们有话愿意和老师讲，有事

愿意帮老师做，良好的师生关系成为师生共同发展的情感纽带。在精心设计组织下，学生自制名签、参观校园，观看校园实录展，办小型生日聚会，学跳集体舞和办画展等活动，培养了学生的角色意识，使学生充分的体验学习生活的无限乐趣，增进学生爱校、爱班的情感。孩子们学得快乐，玩得开心，他们变得自信了，相信自己有能力做好一名优秀的小学生。

加强养成教育，培养学生规范意识与遵守规则能力

处于六、七岁的儿童，他们的自我约束能力较差，对学习规则的意识较淡薄。为了帮助学生有效的建立规则意识并逐步发展到遵守规则的能力，对要建立的学习规则和活动规则，实行了"统一要求、逐渐到位"的原则。对直接影响学生学习生活正常的规则，立即建立。如：不迟到，上课专心听讲，积极发言，认真完成作业，集合快、静、齐等。对不直接影响学生学习生活的正常运转的规则，要逐步到位。如：活动中的游戏规则，课前物品摆放等规则。

也就是说，帮助入学新生建立的各项规则应做到由少到多、由简到繁，这样才会使学生不因规则过多、过急、过严产生不良的心理情绪。学生只有经过逐步适应，逐步达到要求的过程，自觉遵守规则的能力才得以形成。入学的新生由于年龄小，行为习惯的可塑性大，往往因毅力不顽强或受其它因素干扰思想常会开小差。为了把遵守规则融化为学生的自觉行为中，结合《小学生日常行为规范》，从培养学生意志品质入手，采用树立榜样、添加措施、勤鼓励等方法，来发展学生的自制力。

重视日常生活教育，培养学生独立自理能力

自理能力是我们人类生存和发展最基本的生活、劳动能力。随着社会的发展，大多数儿童的家庭生活条件都有很大提高。由于独生子女的特殊地位，导致新生入学后缺乏独立自理的生活能力，反

23

映在管理自己的学习、生活用品和值日生方面的问题较大。针对问题，利用班会时间、对学生进行了爱劳动教育，向学生讲清自己的事要自己做的道理，鼓励学生从身边的小事做起，不依靠别人，学习照料自己的学习与生活，养成较强的自理能力。在学生的日常生活中，教他们学会整理书包、打扫教室、穿戴棉衣、系鞋带、戴红领巾等。

开展丰富多彩的活动，培养学生人际交往能力

独生子女在家中，大都受到父母的精心呵护。当他们来到班集体，生活环境发生改变时，有时儿童表现出心中想自己多，想着他人比较少。有时学生常因为一点小事发生摩擦，有的学生胆小孤僻。这些现象都阻碍他们的正常交往能力。为此，在班级的管理中，努力为学生创设更多的机会，培养人际交往能力。

如：合作绘画、表演节目、小组劳动、玩游戏、开展学习竞赛、读百科等主题活动，指导学生逐步学会有事一起商量，注重尊重别人的意见，肯帮助别人，成功了大家一起欢乐，失败不闹脾气。教会学生减少和解决矛盾冲突的方法，同伴发生矛盾要讲道理，对不能解决的矛盾，要请老师帮助，这样学生渐渐地懂得礼貌待人。对待人胆小、孤僻的学生，鼓励他们主动与同学交往，锻炼他们为集体做事情的能力，使他变得勇敢起来。丰富多彩的活动，使学生的交往能力不断提高，合作意识，合作能力，逐步形成。

设立多岗位制，培养学生任务意识和完成任务能力

为了给学生提供一个自我管理、施展才干的舞台，班级本着人人有事干，事事有人管的原则，建立了"人人岗位"制度。结合学生的性格、爱好、特长，让班级每名学生都有一个为集体服务的岗位。大到班长，小到衣柜保管员，每一个岗位都有明确的职责。学生在工作中各尽其职，使他们感到自己是集体中不可缺少的一员。

许多学生表现出较好的责任意识，他们态度认真地按照要求完成自己的学习任务和集体交给的任务，做事也增强了自信心。设立班级管理的多岗位制，培养了学生的责任意识和完成任务的能力。

总之，小学教育是儿童开始掌握人类社会千百年来积累起来的文化知识，掌握社会规范，形成独立生存的能力和发展创造能力的关键时期。因此，通过对学生进行社会性的适应的教育，促进儿童社会化发展，这对他们一生的社会化有着极其重要的作用。

7. 小学生的社会技能教育培养

社会技能可以界定为个体在社会生活情境中有效而恰当地与他人进行社会交往的活动方式。儿童的社会技能随着其认知水平、情感情绪的成熟水平和行为控制水平的发展而发展。研究表明，儿童的社会技能缺陷与其发展困难是密切相关的。社会技能的行为表现如何，直接影响到儿童在群体中的形象和他人的评价。

所谓小学生社会技能的培养，概括地说可以从小学生的兴趣的培养，激发学生的学习动机，克服小学生的懒惰情绪，排除影响小学生的不利因素和注意老师的教学质量的提高等方面来努力。以下逐一作个详细分析。

培养小学生兴趣的动机

"兴趣是最好的老师"伟大的科学家爱因斯坦如是说。孔子也曾说过"知之者不如好之者，好之者不如乐之者。"这都告诉我们兴趣是推动学生探索知识的最直接、最活跃的学习动力。"愉快教学法"已越来越引起幼教、普教战线教育工作者的重视。在小学阶段，教育对象是幼年，思想比较简单，学习能力不强，没有自主学习的能力，那么对小学生培养学习兴趣的问题就很值得去发掘。

兴趣与学习动机的关系

所谓学习动机是"直接推动学生进行学习的一种内部动力，是社会和教育对学生学习提出的客观要求在学生头脑里的一种反映。"许多理论研究和教育实践经验表明，学生学习动机是影响学习效果的重要原因之一，学习能否取得效果，取得多大的学习效果，从学生方面来讲，取决于他们本身所具备的动机与能力两个因素。对小学生来讲，两者的作用比较起来看，动机的作用更为重要，因为小学阶段的学习内容中机械记忆的比重较大，智力活动的水平还不高，小学生靠死记硬背勤奋刻苦，即使在智力水平不高的情况下也能取得优异成绩，这就是学习动机在其中的作用。

具体的讲，小学生学习动机的影响作用主要表现在两个方面：

首先，直接影响小学生的学习态度，学生学习动机强烈，完成学习任务的信心和决心就大，克服学习过程中遇到的困难的意志就强。

其次，学习动机对小学生智力发展也起着促进作用，它可以增进学生智力活动的积极性。

鉴于学习动机在小学生学习过程中的重要作用，那么对于小学工作者来讲，在注重对学生智力开发与培养的同时，更主要的是要在全面了解小学生学习动机特点的基础上，恰如其分地培养起小学生的学习动机，这样智力好的学生会"快马加鞭"，智力弱的学生也能"笨鸟先飞"，以弥补智力的不足，整个教学会收到事半功倍的效果。

克服小学生的懒惰情绪

懒惰是一种好逸恶劳，不思进取，缺少责任心，缺少时间观念的心理表现。小学生的懒惰表现尤为突出。在素质教育过程中要求培养学生多方面的能力和素质，而懒惰心理就像一道城门，打不开它，提高素质、能力又何从谈起？

懒惰心理的主要表现

（1）思想方面的懒惰

懒惰的人常有明日复明日的思想，明知道这件事应该今天完成却总期待着能够明日去做。例如：有懒惰心理的学生在完成当天作业时，常找出各种理由拖拖拉拉，边玩边学，时间晚了，就想明天早晨早点起床再完成，而第二天又起床晚了，上学后，又有了新的任务，这样明日复明日，学习成绩可想而知。

懒惰的人常有依赖别人的思想。老师们经常会发现，在课堂上踊跃发言的总是个别几名同学，而更多的人懒得动脑思考问题。心里想：反正我不举手，也会有人说出正确答案。这种依赖别人的懒惰心理只会使思维变得越来越迟钝。

（2）行动方面的懒惰

思想的懒惰必然导致行动上的懒惰，懒惰的人明明知道某件事应该做，甚至应该马上做，可却迟迟不做，或硬挺过去；做事时总是无精打采、懒懒散散拖拖拉拉；做事不积极、不主动、不勤奋。

导致懒惰心理的原因

（1）依赖性强

如今的独生子女有严重的依赖性，什么事情都要靠父母或其他人，没有主见，缺少独立性，他们在家靠父母，在学校依靠老师，在社会上依靠其他人。这种依赖性就是导致懒惰的主要原因。

（2）缺少上进心

上进心是前进的动力，缺少上进心的学生做事容易满足，对自己要求不高，得过且过的思想严重。做事不求真，不求质量，不求快节奏，常抱着"应付"的态度和"混过去就行"的不负责任的态度。而这种缺少上进心的表现必然导致懒惰现象的产生。

（3）家庭关系的影响

从客观上说，家长的过分溺爱，也是造成学生懒惰心理的因素。爸爸妈妈对孩子的过分娇纵，大包大揽，只会使孩子从小养成"衣来伸手、饭来张口"的不劳而获的坏习惯。另外，有的家长本身就缺少时间观念，没有勤劳的习惯和雷厉风行、果断利落的作风。"身教重于言教"，这样的家庭影响严重影响了子女良好健康习惯的形成和良好行为的发展，促进懒惰现象的发生。

矫正懒惰习惯的方法

懒惰是成功的绊脚石，在充满困难与挫折的人生道路上，懒惰的人习惯于等、靠、要，从来不想去求知、发明、拼搏、创造，最终只能是一事无成。只有勤奋、刻苦、好学、上进，朝着预定目标孜孜以求，才会达到光辉的顶点，为此要努力克服懒惰的习惯。

（1）制定时间表

要养成每天清早按时起床和外出锻炼的习惯，改掉恋床不起的恶习。

（2）树立劳动最光荣的观念

在家里主动干一些力所能及的事情，帮助父母打扫卫生、洗脸、洗自己的衣物。在学校认真完成值日，不依靠别人，积极参加学校组织和各种劳动，从而锻炼意志，磨练耐力。

（3）制定学习计划

所有各科作业都严格按老师规定的时间保质保量的完成，逐步养成不完成作业不睡觉的习惯，改掉"明日复明日"的思想。

（4）寻找榜样

找一个学习勤奋，做事勤劳的同学作为自己的榜样，并请这位同学多帮助和监督自己。

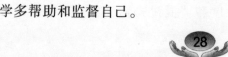

（5）进步奖励

天天坚持检查自己行为，如果当天没有懒惰现象发现，就在当天的日记本上贴一面小红旗，表明进步了。只要坚持一至两个月，久而久之，就会养成良好的习惯。

（6）厌恶疗法

做一个小丑娃放在写字台上，每当发觉自己有懒惰的心理或行为时，就在小丑娃的脸上画一笔，或涂些颜料，久而久之，再看丑娃丑陋的样子，就会提醒自己改掉懒惰的习惯。

总之，懒惰是一个人成功的大敌，战胜懒惰，战胜自我，才能不断地前进。

排除影响小学生的不利因素

（1）管理好学生的不良情绪与情感

小学生往往对学习有某些情绪或情感问题，而这些情绪或情感问题往往正由于学习而产生，再反过来严重影响，阻碍学习。

例如，学生芳芳是一个生长在知识分子家庭的女孩，父母对其学习都很重视。父亲是一名工程师，对数学尤其重视，数学对他来说是非常容易的事，他认为女儿也应如此。在小学低年级，芳芳的数学成绩还是较好的，但她在做作业，考试时总有这么一种倾向：非常害怕做错，每道题做完总是一遍又一遍地检查，使得做作业的速度非常慢。

到中年级，她的数学成绩开始下降，她成为班中成绩不好的几个学生之一，她从此开始逃学，从而使得成绩越来越差。通过对她的观察与诊断发现，由于她父母对她的压力，使她非常担心数学学习上失败，久而久之，使她对数学产生焦虑与恐惧。这种焦虑与恐惧使注意力不易集中，影响了学习的速度，跟不上数学进度，造成学业成绩下降。加上其父母又没有正确的教育方法，经常责骂她而不是在学习上帮助她，终于使她成为数学上的学业不良儿童。

（2）某些个性，性格上问题引起学业不良

①自信心。对学习和自己的能力有信心，对于学业成就是非常重要的。学业不良儿童往往认为自己小聪明，学习能力不强，缺乏应有的自信心。研究表明，许多儿童的学业不良正是由于缺乏自信而造成的。这种自信心的缺乏，可能是由于日常生活中家人或他人过多的责怪，批评等造成的。

②意志品质。不良的意志品质是儿童产生学业不良的重要原因。做事情没有持久性、稳定性，遇到小问题便退缩，对自己行为缺乏应有的控制能力，容易被外界一些事情所诱惑，缺乏责任感等不良意志品质，都会对学习产生不良的影响，严重阻碍学习的进步。许多学业不良儿童或多或少地会表现出这些不良的意志品质。

③急躁，粗心。做事急躁不安，只求速度快，作业，听课马虎，也会影响学业进步。急躁、粗心大意是学习的大敌，轻者学习进步慢，重者造成学业不良。

④应能力差。有些儿童由于受父母保护过多，造成个性及性格上的问题，如内向、孤僻、行为幼稚、不成熟、不愿意和同学和教师接触交往、在学习活动中退缩等，使其一时难以适应学校的生活，学习。学习效果差，由此造成学业不良。

面对这样的"不良"学生，教师应该坚持"无过错原则"。对学业不良学生的发现，教师应以表扬和纠正为主，即使他们答错，也决不能简单地批评。当学习成绩不良学生发言时，不一定一次就能回答上来，这时，教师要有耐心，让他们充分发表意见，然后再引导、纠正。不能简单地否定他们，要千方百计为他们创造答对的机会。

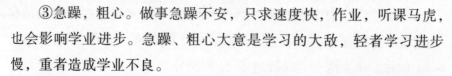

提高教师的教学质量

（1）注意教学课件的应用

教师应巧用课件，创设情境，多角度调动学生的学习兴趣。教学活动的主体是学生，因此教师设计教学过程和每个教学环节都必须充分考虑小学生的心理特点和需要。小学生年龄小，有意注意时间短，持久性差，指向学习的直接兴趣始终是小学生学习动机的稳定部分。如果教师善于用色彩鲜明，形象丰富的画面吸引学生，点燃学生的好奇心，激发学生学习兴趣同，将极大程度地提高学生学习的效率。多媒体课件演示具有很强的观感，能突破常规视觉的限制，动态反映概念及过程，使一些抽象难懂的概念、语言变成具体的、可观察的画面，即化抽象为具体，能让孩子们从多种角度观察对象，突出重点，突破难点。

利用现代教育技术，设计、制作、使用多媒体课件，使原本单一的文本信息以多感官信息生动活泼地呈现出来，不仅能拓宽教学渠道，丰富教育资源，也能促使教学模式、学习方式发生根本性的转变，还能激活学生的思维和灵性，增强学生的学习兴趣，发挥学习主体的积极性，最终能大大地提高教学效率和学习质量。

（2）注意对小学生学习动机的培养

学习动机的培养，就是教师采取一定的教学措施，利用一定的诱因，使学生的学习动机由潜伏状态，转入活动状态，培养小学生学习动机，在教学过程中应从以下几方面着手：

加强目的教育，培养长远学习动机；

从外部动机入，调动学生学习的积极性；

适当开展竞赛，及时反馈。

最后，培养学生学习兴趣，激发内部学习动机。学习兴趣是推动学生探求知识的一种"催化剂"，其在学习中的作用也正如生物学家达尔文在《自传》中所说："对于我后来发生影响的是我有强烈的多样的兴趣，沉湎于自我感兴趣的东西，喜欢解决任何复杂的问题和事物。"因此教师应有效地去诱发、强化和稳定学生的学习兴趣，对于培养学生的社会技能也有着十分重要的作用。

8. 小学生的公共意识教育培养

公共意识指的是人们对社会公共领域的认识和行为的自觉性。作为文明社会的每个公民都有责任和义务维护公共安全，恪守公共道德，都应以合作的态度对待公共事务，捍卫社会的公共利益、公共秩序。公共意识是人们对所处的公共场合的基本态度和看法，决定一个人在公共场合有所为和有所不为。

小学生公共意识培养：它是小学教育的重要内容之一。良好的公共意识是每个人应当具备品质和道德操守，也是当前小学德育工作的一个重要方向。

培养小学生公共意识的现实意义

培养小学生良好的社会公共意识，是中小学德育工作的重要内容，也是《基础教育课程改革纲要》提出的一个非常明确的目标。而就目前小学德育工作现状来看，培养学生的公共意识是学校教育工作的薄弱环节，是学校德育应该破解的重要课题。

（1）有利于丰富学校德育工作内涵

从小培养广大小学生良好的公共意识，有利于塑造小学生健康人格和良好道德品质，促进他们健康活泼成长，进而在维护公共秩序和社会稳定方面，提高其作为一名公民对社会的贡献度。缺失培养小学生公共意识的德育是不完整的，小学生的公共意识培养的研究，使小学德育工作不再是浮在各项工作表面的东西，而是进一步具体化，更有针对性，丰富了德育工作的内涵。

（2）有利于"和谐校园、和谐社会"的建设

公共意识淡薄：乱丢脏物、随地吐痰、肆意破坏环境、公共秩序混乱等现象仍不同程度存在，严重影响了和谐社会的创建进程。小学生公共意识的培养有利于学校和谐校园的创建，并通过学校带动学生，由学生带动家长，由家长带动社区，整个社会都自觉地接受公共意识教育，使公共意识教育蔚然成风，从而提高教育对社会和经济发展的辐射作用，加快和谐社会的建设进程。

培养小学生公共意识的行为目标

根据小学生身心发展规律和现实生活、学习中公共意识的现状，对学生健康成长的需要及当前学校公共意识教育中最缺失的部分作仔细剖析，制定具体的公共意识行为培养目标。这一目标对教师来讲，也就是在教育教学活动中必须渗透的教育目标，对学生来讲，也就是在学习、生活中处理人与人之间的关系、人与社会的关系、人与自然的关系必须达到的基本要求。

培养小学生公共意识的教育内容

公共意识是人们对社会公共领域的认识和行为的自觉性。作为文明社会的每个公民都有责任和义务维护公共安全，恪守公共道德，都应以合作的态度对待公共事务，捍卫社会的公共利益、公共秩序。学校德育是传播、培育公共意识的主要渠道和阵地。其核心在于培养、教育学生如何利用自己的知识秉持社会公正和社会良知，把握自己的言行，进而达到潜移默化、润物无声的内化效果。

我们认为公共意识教育的实质就是指导学生在人与人、人与社会和人与自然的关系中准确进行角色定位，使公共意识在学生的行为和思维中显性。公共意识的教育，从培养小学生公共秩序意识、培养小学生公共法律意识、培养小学生公共环境意识、培养小学生

公共安全意识等方面展开研究。

培养小学生公共意识的途径和方法

（1）营造良好的育人氛围

首先要营造良好的校园育人氛围，充分发挥环境和氛围对培养学生公共意识的促进作用。在校园环境布置、硬件设施等方面，要呈现出一种浓厚的倡导正确的公共意识的气氛。

其次要加强家校合作，争取家庭的积极配合。要积极向家长宣传培养学生良好公共意识的重要意义和具体要求，动员广大家长一起来做好这项工作。另外要通过家访、家庭教育讲座等多种途径，加强与家庭的联系，加强对家庭教育的指导。

（2）在各项教学活动中培养

日常教学活动是实施素质教育。培养学生能力，塑造学生人格的主阵地。在教学方法和形式上，必须灵活多样，可以是班级授课制，也可以是专题整合式、探究式的教学。

（3）在实践活动中培养

在校内积极开展多种形式的公共意识培养的专题教育活动，让学生在活动中感知、体验和生成良好的公共意识。同时建立校外德育实践、体验基地，通过组织具体的实践活动把基本的做人做事的道理转化为小学生的内在品德，使公共意识教育在小学生具体的道德实践活动中完成，达到让小学生自我参与，自我娱乐，自我教育，自我体会，求得提高的目的。实践活动可从家庭生活、学校生活、社会生活等各个方面，帮助小学生寻找一个"岗位"，扮演一个角色，获得一种感受，明白一个道理，形成一种公共意识。

（4）加强个体专项指导

一方面教师可以通过对自己教学工作的分析与反思，客观地记录学生行为和公共意识的成长发展过程，按照学生的不同需求和特点，进行有针对性的指导；另一方面可以通过与学生各种形式的对话，开展多种形式的校内外公共活动，以及在自然状态下，有目的、有计划地观察学生在日常学习、生活中所表现出来的情感、态度、能力。

9. 体育教学中小学生社会适应能力培养

培养学生的人际交往能力

人际间的交往是一种能力。人的生活和工作中离不开这种能力。从发展的眼光来看，未来社会更需要这种交往能力。小学生年龄较小，且多为独生子女，很多学生来自农村，他们接触的社会关系较少，不知道如何与别人交往。体育教学中存在着多种人际交往及相互之间配合的活动，如篮球、排球、足球等这些集体性活动，最能体现学生个人与集体之间、与小集体之间的交往关系。教师应通过体育教学活动，使学生摆正个人的位置，处理好与他人和集体的关系。

体育教学中教学比赛、游戏、保护与帮助等，无不体现出人与人的交往，学生很容易在这种体育活动中使自己潜移默化地学到与人交往的经验，发挥个人与集体的相互配合能力，为今后的社会交往打下良好的基础。

培养学生的竞争意识

竞争是推动人类发展的一个重要机制。未来社会的竞争，特别是人才竞争将会更激烈。所以，培养学生的竞争意识，正是为他们步入社会做好心理上的准备。

如果一个人没有积极的竞争意识，就很难立足于社会。而竞争意识的培养，再没有比体育竞赛中优胜劣汰、能力至上的竞技法则更直接、更生动形象了。体育教师在教学中，要对学生进行胜负观教育。胜利了，要总结经验继续努力；失败了，要找出原因接受教训，为下一次胜利而努力。要让学生懂得"不想当将军的士兵不是好士兵"，由此延伸到生活中，使学生树立良好的心理状态，胜不骄，败不馁，振奋精神，克服困难，永远成为强者。

培养学生的创造能力

爱因斯坦说过："要是没有独立思考和独立判断的创造性个人，社会的向上发展就不可想象。"注重创造力的培养是个性教育的一个重要标志。学生的创造能力主要表现为求新求异，独特的思维、行为方式等。中学生正是培养创造力的有利时机，此时，他们的创造性有了较充分的智力基础，较强的意志力和一定的独立思考能力。因此，抓住此时学生的心理和年龄特征，不失时机地进行创造意识、创造精神和能力的培养，定能收到好的效果。

在体育教学中创造性的培养要渗透到平时的教学中才能达到潜移默化，达到培养学生创造力的目的。要让学生独立思考，在体育活动中自我发现和解决问题。如徒手操的练习，教师要让学生掌握编操原则方法，让学生自己创编动作。又如技巧、武术等让学生自己编成小套路联合等，学生通过思考，锻炼了创造思维的能力。因此，教师在教学中要多给学生锻炼的机会，培养学生创造思维的能力，为学生走上社会打下良好的基础。

培养学生承受挫折的能力

小学生由于年龄偏小，或多或少存在着溺爱综合征，一帆风顺的学习使他们承受挫折的能力减弱，当他们走上社会，面对纷繁复杂的工作和生活，没有受挫力是不行的。因此，教师在教学中应该通过不同的教学方法和手段，对学生施加心理受挫的影响。要使学生在完成体育动作的时候，除了靠灵敏和善于动脑外，还要靠意志去克服生理和心理上的困难和障碍。

在教学中，教师应该有意设置一些困难、挫折环节，在原有的练习内容、方法和要求上提出更高的目标，使学生想尽办法克服困难，有意磨练他们的意志力，培养学生勇于克服困难、挫折的品质，从而培养学生承受挫折的能力。

培养学生自信，正确认识自我

自信心是在正确认识、评价自我的基础上提出的。如果一个人自以为是，总拿自己的优点去比别人的缺点；或有的人妄自菲薄，觉得自己一无是处，自卑的心理使他什么也不敢做，什么也不愿做。这两种情况均属心理不健康。因此，在体育教学中，体育教师要给每个学生提供充分表现自我的机会。

在体育教学中我们可以发现，一些体育成绩好，运动能力强的学生往往在课堂上很活跃，示范也让他们来做，这些学生往往很自信，精神状态也好。而那些能力差的同学往往对自己没有信心，更不好意思去展示自己、表现自己，甚至出现一定的心理障碍，对学习产生负面影响。这就要求教师要细致观察，有意识地为这些能力差的学生创造展示其优势、特长的机会，由简到难，逐步培养其自信心。同时，给他们更多的关心和帮助，让每一个学生逐步树立自信心，在集体中和大家平等相处。

体育教学中培养学生的社会适应能力的教学目标，具有现实性和时代性。为适应社会发展的需要，培养学生的社会适应能力已成为中学体育教育的重要内容。在教学过程中，注重学生的人际交往能力、竞争意识、创造能力、承受挫折的能力、树立自信心、正确认识自我的培养，使学生成为有能力适应社会的有用人才。

10. 高中学生社会适应能力的培养

社会适应是指个体为适应社会环境而改变自己行为习惯或态度的过程，个人与社会环境关系的一种状态，即人与社会环境之间的一种和谐协调、相宜相适的状态。当个体出现适应不良时，会有许多负性情绪表现，如彷徨、失望、忧虑、怀疑、悲伤、恐惧及绝望等，负性情绪过于持久强烈会导致心理异常。

学校是个小社会，高中的学生随时随地都会遇到各种各样的社会适应问题。刚升入高中的学生正处于一个新的起点上，探究中学生的社会适应问题，帮助他们学会适应，是一件必要而且有意义的事情。

导致中学生社会适应问题的因素

（1）生活习惯变化

升入高中，学生们离开了业已熟悉的校园、集体，面对的是一个陌生的校园、集体，面对的是陌生的老师和同学。部分离家较远需要住校的学生还要面对从家居生活向集体生活的转变。所有这一切的变化，都意味着他们原有的生活方式、行为习惯与新环境的要求有一定的距离。如果这时个人不能调整自己的生活方式、行为习惯，就会在适应环境方面产生压力。

（2）学习内容和方法的变化

由初中到高中，学习内容迅速加深，对学生的理解思维能力要求提高；高中阶段涉及的知识面也更加广泛，在学习内容变化的同时，学习方式也发生着改变。高中阶段，学生自主学习的时间增多，这需要学生主动、独立自主地去接受知识。作为高一年级的新生，如果不能及时调整、更新自己的学习方法，而是墨守成规的话，便会在学习上疲于应付，而成绩却不能提高。

（3）自我本身的变化

由于环境的变化，中学生的自我本身也发生了变化，如果不能根据环境的变化对自我进行重新评价，就会在适应自我的问题上遇到困难。高中学生正处于青春期，思想尚未成熟，他们对自我的认识评价往往过高，缺乏客观评价，因此就会在理想自我与现实自我之间产生矛盾。

（4）人际交往的变化

升入高中的学生，不仅是进入了一个崭新的学习和生活环境，同时也意味着进入了一种新的人际关系之中。当今的中学生多是独生子女，溺爱的家庭教育和单一的学校教育，使他们缺乏独立的社交能力，加之中学生感情丰富，变化快，在人际交往中易于情绪化，对人对事有时过于简单。

因此，对于中学生来说，对新的人际关系的适应要远比对生活环境和学习的适应困难。刚踏入高中校门的学生，在新的集体中如何建立协调、友好的同学关系往往成为他们非常苦恼的事。一旦与同学关系处理不好，就会使他们认为所处的环境与自己格格不入，从而引起心理不平衡。

高中学生适应问题的解决方法

（1）顺应环境的变化及时调整

进入一个新的环境后，在各方面有变化是自然的事情。要想很快适应变化的环境，你必须要了解环境有哪些变化，在变化上有什么特点。如：在生活上，你面对的是从乡村到城市还是从大城市到城镇的变化呢？你即将面对的生活环境比从前更优越还是不如从前呢？在哪些方面有差距呢？在学习方面，如果你的邻居、亲戚朋友中有了解学校情况的人，你可以从他们那里获得相关的信息，也可以在开学之初向老师或高年级的学生咨询学习上应注意的问题。你是以怎样的情况进入到新集体中的?对环境的变化有相应的心理准备是必要的,此外更为重要的是根据这些变化做出相应的调整。

(2)人际关系上严于律己、宽以待人

唐代文学家韩愈主张"责己重以周,贵人轻以约",意即要求自己要严格而全面,对待别人要宽容,要求要少。在与同学交往中,要拓宽自己的心理容量,不为鸡毛蒜皮的小事而犯颜动怒或心烦气躁,在同学之间发生矛盾后,首先检讨自己,哪怕真的错不在自己,但只要能找出一点自己应负的责任,在理智上都可以使自己心理平衡。不以自己的好恶去苛求别人,凡事都能站在对方的立场上考虑问题,用别人的观点和感觉来扩大自己的眼界,丰富自己的思想,当你用别人的眼光看世界时,你会变得善解人意。

和谐融洽的氛围需要你与大家共同努力。在相互理解、彼此尊重的气氛中,人人都可以由依赖变为自主,并发挥自己的全部潜能。

(3)生活上正视自己,面对现实

解决与自我有关的适应问题,重要的是要正视自己,面对现实,对变化了的"我",对新环境中实际的"我"有客观的估量,尤其是要真正认识自己的实力。

在新集体中给自己的定位应建立在自己的能力和条件所能及的范围之内。盲目地与他人攀比,如果用自己之短去比别人之长,会妄自菲薄并产生自卑,从而失去前进的信心。每个人都有自己的能力结构和能力倾向,古语说:"人贵有自知之明",所谓"自知之明",不仅表现在能如实地看待自己的不足,也表现在能如实地看待自己的长处,要善于寻找自己的优势并积极表现,用积极进取的心态看待自己的不足。

在自我评价上,还应注意不要自命不凡、孤芳自赏。古人云:

"独学而无友，则孤陋寡闻。"如果一个人只是强调自己的长处，认为自己处处都比别人强，容易形成盲目乐观、傲慢、自以为是的品质，也不利于自己的成长和进步。因为知识不会在相互交流中减少，反而会在交流的过程中得到完善，产生新的火花。

11. 中专生社会适应能力的培养

我国《中等职业学校德育大纲》总则指出：中等职业学校德育是对学生进行思想、政治、道德、法律和心理健康的教育。适应能力既属于心理范畴，又涉及政治思想和道德法律范畴，关系到中等职业学校人才培养的质量。培养中专学生的适应能力，已经作为一项重要内容被写进德育大纲。中专学生是一个特殊的群体，他们大多数将在未来走进生产一线，充实我国产业工人队伍。他们素质的高低，适应能力的强弱，将直接影响到我国制造业的发展水平。

因此，中等职业学校应该把提高学生适应能力作为培养学生健全人格的一部分，纳入到学校常规教学和教育工作中。

中专生适应能力现状不容乐观

中专生作为未来产业工人的后备军，其适应能力的现状究竟怎样呢？主要表现在：

（1）学习方式不适应

从初中生转变为中专生，学生会产生一系列不习惯、不适应现象，甚至会产生恐惧和畏缩心理，表现出明显的文化休克。中专学校的培养目标决定了教育教学以及管理方式的巨大改变。目前，我国多数初中还是以中考作为主要指挥棒，一切工作的出发点和落脚点都是中考，导致德育退居其次，学生综合素质的发展仅成为一种口号。老师不遗余力研究试题，精选试题；学生被迫无奈地钻进书山题海，忙忙碌碌。而中专，更看重学生自主学习，给予了学生更大的个人时间和空间。没有升学压力，没有老师的强制。很多学生反倒无所适从，一时间，失落、空虚充斥思想，表现出了很强的不适应性。

（2）管理形式不适应

如果说义务阶段应试教育是主流，那么中专则搞的是名副其实的素质教育。然而，学生似乎并不买账，他们的个人行为和思想并没有像我们所期望的那样跟学校的培养目标和方式形成共振。相反，更多的学生表现出因不适应而抵触的行为和心理。中专很重视养成教育，在个人行为习惯和卫生习惯、礼仪素养等方面有较严格的要求。但很多学生都我行我素，自以为是，常常与学校的管理发生冲突。

（3）生活方式的不适应

一般的中专学校，生活条件较之初中有很大改善，学校希望学生学会过集体生活，能够自理，学会与人共处。这只不过是学校的一厢情愿而已。我们发现，不少学生对集体生活很反感，觉得很不自由。尤其是时间的限制和纪律的约束，让他们常常呈现出烦躁、怪癖、乖张、暴戾。于是为一点小事而大打出手、半夜翻墙上网、晚寝吵闹等违纪行为屡屡发生，让很多教师无可奈何，常听到一些老师感慨；教育是无能的。不少学生干脆逃避集体生活，在校外租房。

（4）心理脆弱承受能力差

社会发展，生活水平提高，独生子女多，多数家庭不注意培养孩子的独立自理能力，忽略了孩子心理健康问题，一味溺爱宠顺，造成孩子心里畸变。俗话说：温室里的花儿经不得风雨。错位的家庭教育，培养了孩子强烈的个人主义和自我意识。加上初中教师单纯追求升学率而让德育工作流于形式，随着学生年龄的增长，他们的心理在复杂的现实中很容易迷失方向。很多中专教育工作者面对学生的叛逆、怪癖、自私感到力不从心。中专生中，顶撞老师，逃学旷课、受批评后出走等现象层出不穷。

（5）贪图安逸不肯吃苦

不少九零后的学生，家庭条件普遍有优越，在家里过惯了饭来张口衣来伸手，电脑电视伴深宵日上三竿还觉早的生活，于家务绝缘与生产劳动相斥，严重丧失了劳动者的本色。在学校里表现为不思进取、百无聊赖、浑浑噩噩、得过且过。"睡觉不分早晚，小说随身携带，手机上网聊天，零食永吃不厌，学习漫不经心，做事懒懒散散"。只是部分中专生的说生动写照。

（6）时间观念淡薄，纪律意识不强

中专学生难管理，这是广大中职教育工作者的共同感言。重不得，轻不得。你管紧他就发跳，你管松他就发躁。要想在松与紧之间找到一个平衡点还真是不容易。因此，在中职校园，迟到旷课是家常便饭，课堂之上是各行其是，打架斗殴防不胜防。理论学习一窍不通，专业技能难登大雅之堂。很多学生的表现与学校的管理格格不入。结果是学有所得凤毛麟角，一无所成多如牛毛。"学会求知、学会技能、学会做人、学会合作"成了空头口号，唯有少数学生是按着我们的培养目标获得了发展。

这些因素共同作用，直接导致学生就业能力差，对企业的管理不适应，对一线生产劳动的极度排斥。据统计，每年毕业参加工作的中专生，能够在企业干满一年的不到10%，一年内因不适应工作而跳槽两到三次的大有人在。如果任其发展，不采取得力措施培养学生的适应能力，势必会影响企业用工的稳定，对我国经济发展造成负面影响。

中专生适应能力差的原因

造成中专生适应能力差的原因是多方面的，是复杂的。但归结起来不外乎以下几点：

（1）家庭原因

首先，部分家长教育观念有缺陷。生活水平提高了，家长一般有足够的财力维持子女幸福的生活。很多家长抱着"让自己的孩子比别人的孩子生活得更好"的思想，溺爱娇宠孩子，一味顺乎其意，少有严管，更谈不上吃苦教育和挫折教育。

其次，有父母生没有父母教的。随着打工经济的兴起，很多家长离家弃子远赴他乡打工挣钱，将孩子或者寄托学校，或者托付亲戚，或者有爷爷奶奶外公外婆照看。父母的亲情的缺失，很可能在孩子心头留下浓厚的阴影；亲戚的教育管理往往顾虑重重；隔代教育存在先天性的缺陷。这些都容易造成孩子的心理障碍。

（2）社会原因

现代社会的多元化、开放性、自由性，有时对学生产生了消极影响。网络的普及，让学生的眼界更为开阔，接触面更为宽广。拜金主义的盛行、追星的社会潮流、腐朽社会生活方式在现实中的渗透，对教育产生了巨大冲击。学校的正面教育面对社会现实的负面冲击，显得苍白无力。中专生大多正处于十六七岁的年龄，已经具有很强的自主吸收社会信息的能力，社会的影响在他们头脑中更容易烙下印痕。

（3）教育自身的原因

一是现在的中专学校招生体制的局限性，中专学校招生对象是落榜生，他们大多是初中阶段的后进生。这些学生文化基础较薄弱，知识层次偏低，生活自理能力欠缺，心理承受能力较差，入校后长时间不能适应中专学校的学习方式和生活规律，便不同程度地产生一些与中专生学习生活极不协调的心理障碍。

二是我国中专教育体制的局限性，很多中职学校虽然重视对学生的思想品德教育和专业技术技能培养，但在具体的教育教学实践中，却没有找到合理的解决现实中很多矛盾的具体措施。而且对学生的心理健康教育给予的关注较少。据了解，大多数学校没有成立专门的心理干预机构。

三是很多学校没有正确地处理好德育工作、理论文化学习、实践技能培训三者之间的关系，常常是顾此失彼。德育方面，或者措施不得力，或者制度落实不够，或者德育工作没有常态化，或者忽略了挫折教育和就业教育。理论文化学习方面，教学常常脱离学生能力实际，不注意深入简出和课堂教学的趣味性，对学生学习成绩把关不严。实践培训方面，有的因财力不济根本没有相应的设备，有的设备尽做摆设没有为学生提供足够的实训时间，有的不安排专门的工厂实习或实习走过场脱离学生专业实际。

培养和提高中专生适应能力刻不容缓

（1）是我国经济发展的需要

我国这些年经济发展取得了辉煌的成就，但是，随着国际竞争的激烈程度增强，产业工人的素质不高已经成为制约我国经济发展的瓶颈。据媒体报道，同样的汽车零部件，中国工人组装的质量就是不如德国工人组装的质量高；同样的手表零件，瑞士工人能组装成世界一流的手表，中国工人则逊色得多。我们目前还只能算是制造大国，离制造强国还有很长一段路要走，其中提高中国产业工人素质是一项伟大而又艰巨的历史性工程。中专学校担负着培养未来高素质产业工人的重任，必须树立强烈的国家民族意识，以战略性眼光看待自己身上的责任。二十一世纪能否变成中国的世纪，很大程度上取决于我们的工人队伍。

（2）是构建和谐社会的需要

随着社会经济的快速发展，行业部门对人才需求标准的逐年提高，中专生面临社会偏见和竞争压力。因此，在目前我国大力发展职业教育的新形势下，中专生的心理健康教育已成为学校，家庭，社会不容忽视的问题，应当引起人们的高度重视。如果对已有心理健康问题的学生不加以正确引导，及时进行心理健康教育，发展下去就会形成严重的心理疾患，影响学生自身发展，对和谐社会构建也会带来一定的影响。富士康事件虽然过去，但所有的教育工作者度应该提高警惕，要有压力感，如何培养学生健全的人格，增强学生的适应能力是一个关系到国泰民生的重大课题。

（3）是社会平安稳定的需要

中专学生是一个庞大的群体，也是隐患最多的一个群体。在经济发展的过程中，稳定和平安是第一要务，离开了稳定和平安，经济发展便失去保障，和谐文明便失去了基础。中专教育工作者任重而道远，要面临更多的挑战和压力。国家这几年大力支持和发展职业教育，加大对职业教育的投入，对每一位在校中专生给予国家资助，今年又出台新政对部分家庭贫困生追加一年两千元的补贴，这充分体现了党和国家对中职教育的高度重视。其中一个重要的原因就是从维护社会平安稳定出发的。

增强每个中专学生的适应能力，培养他们良好的心理素质、道德品质、学习习惯，提高他们的专业技能、合作能力、做人能力，教育他们树立正确的成才观和就业观，纠正他们偏向的一世情感和价值观以及心理，稳定他们的就业行为，指导他们正确的进行人生角色定位，对维护社会的稳定和平安是有着积极意义的。

明确中专学校适应性教育基本内容

"适应"主要是指人的生理和精神随着外界情况变化而进行调节

的状态，以使个体同外界环境保持协调。人生来就有自发地适应环境的本能，同时蕴含着逐步适应复杂环境的潜能。这里所说的适应性教育，是指进一步开发人的潜能，让中专生能够适应学校的管理、学习生活、以及未来的工作环境和发展变化的社会。中专教育的目标可以概括为四个"学会"，即教育个体"学会求知、学会技能、学会合作、学会做人"，这是素质教育的基本内涵。

（1）自我认知教育

人要适应环境，首先要熟悉自我、认知自我，建立自我意识，对自我准确定位。要教育中专生客观地自我评价，既要看到有点，找准专长，又要明白缺点。自尊而不自傲，自强而不逞能，自信而不自负。然后要有针对性地发展自己，注意扬长避短，有意识地培植自己的闪光点，积累自信和发展的资本。要正视缺点，孔子说，知不足而自反也；知困然后能自强也。总之，要有自知之明，这对自己的成长是有好处的。

（2）心理适应性教育

心理往往影响行为，良好的心理素质的培养是适应性教育的主要内容。现代社会对人的影响绝大部分是心理层面的。一个人的言行举止、喜怒哀乐可以说是一个人心理素质的外在表现形式。心理素质的培养是一个日积月累的过程。但青年时期，人的心理素质尚不稳定依然具有很强的可塑性。所造学生的心理，就是要输入理性，增强个人定力，培养学生心理的稳重性。所谓"宠辱不惊看庭前花开花落，去留无意望天上云卷云舒"，"不以物喜，不以己悲"，"淡泊以明志宁静以致远"就是心理素质的较高境界。

（3）身体适应性教育

"身体是革命的本钱。"没有过硬的身体素质，显然难以适应快节奏高负荷的现代社会。很多学生出去就业后发出感慨：身体吃不消。这是个严重的问题。求知学习技能培训需要也能够拼的身体，当工人跑推销搞管理需要强健的体魄。我们教育的根本目标是培养德智体美劳全面发展的高合格人才。学校应加强学生的体能训练，每天安排充足的锻炼时间，以提高学生的身体素质。

（4）情感适应性教育

中专生的情感是复杂的。他们有辨别是非的能力，也有向善的思想倾向。但是在自我意识的注主使下，有不少学生情感不稳定，很脆弱，易冲动，好宣泄，意气用事，不顾及后果。教师要注意正确引导学生的情感倾向，多与学生交流，走近他们的情感世界，了解更多的实质性东西，有的放矢，采取合理的措施培养学生健康的情感。列宁曾经说过："没有人的情感，就从来没有也不可能有人对于真理的追求"。培养健康的情感，就是要培养正确的是非观和价值观，让爱的元素融入思想，让博爱宽容的意识主导行为，以实现个人和周围环境的和谐。

（5）行为适应性教育

行为适应性主要体现在对环境的适应性上。环境可以分为两大类，即社会环境和自然环境。这是一个人正常生活在世界上不可缺少的最基本的生存环境。每个人生活的环境是不同的，且每个人对其所处环境的感知和认可度都不一样。我们这里强调的是对社会环境的适应。如果说自然界是人类的母亲，那么社会就是人类的摇篮。

社会环境个人所接触的环境中是复杂的。如果把社会环境抽象为一个系统来看，这个系统是一个动态的开放性系统。包含了许多社会要素，如纪律、制度、道德、法律、习俗等。这个系统的主要部分由学校、家庭、社会等单元组成。其中起核心作用的是学校。

因而，学校的教育方式及相关条件如何对学生起着较大的影响。培养行为的适应性，就是要让学生树立"入乡随俗"的观念，要学会改变自我，调整自我生存状态。这是在竞争激烈的社会的生存之道。

实施适应性教育的基本举措

培养和提高学生适应能力是一项长期复杂而且艰巨的工作，急于求成则会适得其反。中职教育工作者必须做好长期抗战，耐心细致工作的准备。采取以下措施：

（1）思想教育促转变

思想教育是德育工作的灵魂，思想通则行为通。从新生入学开始，就应该有意识地进行思想教育促使学生观念的转变。要让学生认识到中专生活的实质，对生活方式和内容的巨大转变提前做好思想准备。同时，老师还要适时地做好安抚和引导工作。对表现出明显不适症的学生重点跟踪疏导。充分发挥班级宣传栏和主题演讲以及班会活动的作用，积极创造条件进行适应能力的大讨论，使学生明白"物竞天择，适者生存"，懂得学会适应就是学会生存之道的道理。

（2）完善制度保落实

学校应该建立健全的教育教学管理机制，制定出切合本校学生实际的阶段性培养目标，配套完善考核考评制度，确保学生学有所成，习有所得。艺高走天下，艺短寸步难。过硬的知识技能本身就是最强的适应力。因此，学校要从教学教研入手，强化校本教研，有针对性地定内容、定形式、定方法。

首先，管好老师的教，把好课堂教学观，向课堂四十分钟要效益。因中专生基础太差，学习能力欠缺，这对老师的教学提出了更高的要求。老师必须力求深入浅出，化难为简，同时要努力增加教学的趣味性、形象性，让多数学生听得懂，学的着。

其次，要把好实训关。实训最讲究实用性。必须注意与企业生产实际接轨。中专生普遍对动手操作有较高的兴趣，应该充分利用学生这一特性，安排充足的实训课，让学生在练习中提高技能。最后，规范考核制度。既考老师又考学生，对老师的理论教学和实训指导应以硬指标来考核，奖优罚劣；对学生也应引进竞争机制和奖惩机制，优化考核指标，突出激励机制，慎用惩罚措施，既要调动学生积极性，又要保护学生自信心和自尊心。

（3）开展活动促发展。

中专生活应该丰富多彩，用活动陶冶人，以活动培养人，用活动提高人，让中专生活成为中专生人生历程中最值得留恋最值得回忆的美好时光。两操阵容壮观、锻炼热火朝天、歌声嘹亮悠扬，广播陪伴课间，比赛好戏连台，表演精彩纷呈，篮球场上喝彩阵阵，图书管里人头攒动，应该成为中专生活得样板。学生在活动中可以获得很多课堂上学不到的知识和本领，如交际能力、表达能力、合作能力，同时还可以开阔心胸，陶冶情操，颐养性情，培养意志，而这些，正是学生构成适应能力的重要因素。

（4）创新方式促提高。

首先，创新办学方式。目前，一般中专学校都是严格执行"两年在校工读，第三年顶岗实习"的学制方式，这种方式具有普遍的适合性。近年来有部分学校大胆改革，在执行中央总的方针原则不变的基础上，采用先顶岗实习后回校工读的方式，取得了较好的效果。只要有利于培养目标的实现，只要能促进学生综合能力和素质的提高，灵活变通，结合本校实际走特色办校之路是完全可以的。如创办校办工厂，引进外包业务，让学生半工半读以工养读，提前适应企业管理，积累经验，磨练意志。

其次，适度渗透挫折教育提高承受能力。科学研究证明，一味的赏识教育并不利于学生健全人格的形成。适度进行挫折教育，是提高学生抗敲打能力的最好方式。毕竟当今社会竞争激烈而残酷，只有具备百折不挠的钢铁意志、愈挫弥坚的乐观精神，才能从失败中积蓄重整旗鼓的勇气和力量，进而步步走向成功。

一个合格的社会主义劳动者不仅要有适应劳动的能力和理论知识，更要有适应周围环境的能力。中职学校的教育工作者必须树立全面的教育观，把培养学生的适应能力当做贯穿教育教学始终重要工作来抓，这将让中专学生终身受益，对促进我国社会主义经济建设和维护社会的稳定与和谐都将不无裨益。

12. 大学生社会适应能力的培养

大学生社会适应能力是大学生在大学校园生活环境中为达到与所处环境的和谐状态而必须具备的一种综合能力。针对大学生社会适应能力的表现，提出了培养当代大学生具有良好社会适应能力的必要性和影响大学生社会适应能力的因素，从而找到有利于培养大学生社会适应能力的方法。

大学生经过几年的紧张学习，面临最急迫的问题就是就业。然而，许多学生在毕业之际，往往对即将步入的社会感到陌生、茫然、恐慌、不知所措。产生这些现象的原因主要是大学生的社会适应性太差。所以，大学本科教育不仅要求学生掌握一定的科学文化知识，而且要在教学过程中有目的、有意识地培养学生的社会适应能力，以便其毕业时能更好地步入社会、更快地适应社会。

培养大学生社会适应能力的必要性

（1）是社会发展的必然要求

人生存在这个社会当中，既要承担个体生活上的角色，又要扮演社会中的角色，二者是密不可分的。当今社会在高科技的推动变化下已经进入信息时代，全球化的知识经济初显端倪，科学技术和经济的迅猛发展必然对每一个社会人提出新的要求。当代大学生是青年中的佼佼者，掌握着现代化的知识和技术，是未来国家和社会建设及发展的栋梁之材，肩负着振兴中华的历史使命和社会责任。这种使命和责任与当代世界的状况，与国家的前途和命运紧密相连。

大学生社会适应能力的强弱关系到大学生科学文化知识和技能发挥的程度，关系到大学生个人的前途和命运，关系到社会的繁荣和发展。当代大学生只有努力顺应时代发展的潮流才能充分发挥自己的科学文化知识和技能，从而促进社会的变革和发展。所以，培养大学生社会适应能力是社会发展的要求。

（2）是大学生社会化的重要目的

当代大学生是青年中最优秀的一部分，担负着继承上一代的事业、知识和优良传统，开创社会发展新局面的历史重任。大学生社会化的内容非常广泛，凡社会生活所必需的知识、技能、行为方式、生活习惯以及社会的各种思想、观念都包含于其中。显然大学生社会适应能力所包含学习适应能力、工作适应能力、生活适应能力和社会交往适应能力都是大学生社会化的几个重要内容。因此，培养当代大学生社会适应能力是大学生社会化的重要目的。

（3）有利于大学生个性的形成和完善

心理学把每个人一贯表现出来的那些稳定的心理和行为特点称为个性。个性一旦形成，就会对大学生的行动乃至整个一生的活动产生决定性的影响。而个性是在大学生的一系列认识活动中形成和发展起来的，在这些活动中，他们渐渐认识社会、感受社会、应对社会生活中所遇到的各种压力和障碍，这是大学生个性形成和完善的外部条件，也是个性和谐发展的基本过程。另一方面，只有具备完善和谐的个性，大学生才能更顺利地适应社会生活，为社会做出贡献。

（4）利于大学生培养和发展健康的心理

一个人的心理健康与社会适应有着密切的联系，是社会适应程度和结果的具体体现。如果一个大学生经常与别人，特别是与同伴脱离交往，或者被同伴排斥在群体之外，就会发生心理变态和心理疾病。大学生由于自身生理和心理上的急剧变化，形成了独有的心理和行为特点。他们一般求知欲望和探索欲望强烈，要求独立自主的意识与日俱增，遇事喜欢独立思考和判断，不愿盲从别人的意见，情绪反映强烈、易冲动，遇事有持续而深刻的情感体验。

正因为大学生具有上述心理和行为特点，所以，他们中的许多人容易出现社会适应不良问题。在生活、学习顺利时，往往眉飞色舞、趾高气扬，遇到挫折就容易一蹶不振，情绪陷入长时间的忧郁、苦闷、消极、自卑。大学生心理的这种两极性，很容易导致他们的心理障碍，影响正常的学习和生活。能够有效适应社会的人，才是心理健康的人。

（5）是大学生自我发展的需要

需要在社会上的意义是指人的一种生存状态，它表现为人对客观事物的渴求和欲望，是产生人的行为的原动力。因此，人总是有各种不同的需要，一般分为生存需要、活动需要、交往需要、发展需要、成绩需要五个层次。人的需要是在社会化过程中逐步发展的。人的社会化程度越高，他的需要层次和水平就越高。当代大学生接受教育的程度高于其他阶层的青年，他们的社会化过程和社会化发展目标也就相对较高。因此，他们的需要结构模式就是以自我发展需要为核心的需要结构模式。

每个社会角色所担当的工作，都是整个社会事业的一个组成部分。我国现代化建设的宏伟大业，为每个社会角色充分发挥自己的聪明才智提供了无比广阔的舞台。在社会主义条件下，社会利益和个人利益是根本一致的，大学生只有把自己的事业目标与社会需要紧密地结合，自觉地服从和服务于社会，才有可能成为社会有用的人才，自我才能得以发展。

因而，大学生的自我发展需要是以满足和适应社会需要为目标的，即使自己承饰的社会角色在我国社会主义现代化建设事业中发挥作用从而得到社会的承认。大学生要满足和适应社会的需要，当然就不可缺少对社会适应能力的培养。所以，培养当代大学生社会适应能力也是大学生自我发展的需要。

影响当代大学生社会适应能力的重要因素

由于社会适应能力的不同，大学生在不同的社会环境里所从事的活动总是发挥不同的作用，产生不同的效果。当代大学生社会适应能力的培养和形成总是受到它自身所包含的内容以及所涉及的各种因素的影响和制约。在众多因素中，产生重要影响的主要有以下几个方面：

（1）环境因素

环境是指围绕在人们周围的客观世界，它包括自然环境和社会环境，环境影响和制约着人才的成长。社会环境是人才成长的土壤，它是一个复杂的大系统，对当代大学生社会适应能力的培养产生最深刻的影响。

①社会环境的影响社会环境并非抽象的存在物，它是一定历史时期的社会经济、政治、科学文化诸多因素的总和。它对当代大学生社会适应能力的培养必然要产生决定性影响。社会环境包括社会文化环境、社会规范和制度以及社会支持系统。不同国家的历史文化产生不同的民族心理、行为方式和价值观念，这都将影响大学生在受挫时的态度和行为方式。社会对大学生的要求越来越高，评价

也越来越严格，使得大学生们对踏入社会显得无所适从。

②学校环境的影响随着青年学生进入大学，大学教育就成为影响他们适应社会的另一个主要因素。学校环境是大学生生活和学习的主要地方，学校的教学设施、课余生活环境、宿舍条件、老师的教学方法和模式，都将给他们带来心理上的压力和不适应。大学生在此不仅接受知识的熏陶，也从教师的言传身教中学会做人的道理。传统的专业教育模式，忽略了对学生的个性培养和素质提高，片面强调知识传授和思想政治教育，忽视良好性格、情绪、意志等个性心理的培养。而且有的高校专业设置、教育理念和目前激烈的人才竞争在衔接上略显滞后，给大学生就业带来了压力。

③家庭环境的影响家庭是社会的细胞，是大学生成才以及培养社会适应能力的重要环境。家庭的早期教育能使人的智力得到有效开发。家庭教育对每个人的成长有着先入为主的深刻影响。一个富有生气、和谐、民主又不失严肃、上进的家庭环境，对大学生成才和培养社会适应能力产生积极影响。每一个家庭的自身结构都有自己的特点，每一个家庭成员都以其不同的性别、年龄、知识、观念、社会地位等对其他成员产生不同的影响，对大学生社会适应能力的培养也产生不同程度的影响。

④工作环境的影响工作环境是大学生生活较长的仅次于家庭的一大空间，它对大学生成长以及培养社会适应能力产生密切的影响。

首先，工作单位的性质、任务和管理制度影响着大学生社会适应能力培养的方向。因为不同的工作单位都有其不同的性质，不同的工作岗位也有其不同的工作任务和要求。大学生一旦选定某一工作单位的某一工作岗位，就决定了它今后的工作方向，因而就必须去努力适应它，这就决定了其社会适应能力的培养方向。

其次，工作单位的条件优劣影响着大学生社会适应能力培养的快慢。但条件越好并不一定就顺利，关键要靠自己的努力。

⑤社交环境的影响 社会交往也叫人际交往，它是大学生作为社会成员必须面临的人生重要课题。大学生在社会交往过程中建立起来的社会关系，我们也把它称为社交环境。交往能力也叫社交能力，它是大学生社会适应能力培养的内容，是大学生成才的必备素质。社交环境和社交能力是大学生社会交往的两个重要方面，他们相互依赖、相互促进、相互影响、相互作用。社交能力越强，建立起来的社会关系就越好，创造的社交环境就越优越。

（2）素质水平因素

人的素质主要包括政治素质、知识和智能素质、身体素质、心理素质、思想道德素质等。这些素质是大学生成才的基础，他们对大学生社会适应能力的培养产生广泛而又深远的影响。一般而言，对大学生社会适应能力的培养产生重要影响的素质因素有业务素质、品德素质和身心素质。

①业务素质 从事某一社会职业活动所必需具备的业务知识、技巧和能力，一个人的业务素质是立身社会的根本，它是实现社会价值和自身价值的重要条件。

②品德素质 主要是指一个人按照社会主义道德原则和规范养成的良好的道德认识、道德情感、道德意志和道德行为的个人思想行为和潜能。

③身心素质 主要是指强壮的身体素质和健康的心理素质。身体是物质的基础，心理状况不仅直接影响到人们对知识的学习和对知识结构的构建，而且影响到人们创造能力的细腻过程和发挥。一个心理健康的人，有广泛的兴趣和爱好，有强烈的好奇心，能够以开放的心态对待学习，不断丰富和完善知识结构，并以勇于进取、不怕失败的心态推动创造能力的形成和发挥。

大学生的社会适应能力与素质是紧密联系的，素质水平的高低直接影响着社会适应的状况，而社会适应状况也在一定程度上反映出他们的素质水平。大学生只有重视这些因素，充分开发和调动这些因素，才能较好地培养社会适应能力。

培养大学生社会适应能力的对策

（1）改进教学方法，使学生构建合理的知识结构

学生所学知识的先进性、科学性、适应性，决定了学生与社会的适应程度，所以构建一个适应于社会需要的合理的知识结构是大学的主要任务之一。大学生要想具有一专多能的复合型特点，就该具有精深的专业知识内核和广博的适用经济外圈。大学是培养人才的摇篮，要根据具体的培养目标及对学生知识结构的要求，实施教学创新工程，建立创新人才培养模式，研究课程建设，修改教学计划，优化课程结构。要改进教学方法，改变过去那种教学过程单一的讲听模式。

比如在教学过程中指导学生主动适应大学学习方法，改善学生已养成的被动学习习惯、学习的依赖心理。教师在讲授教材的同时，应注入知识含量更高的新内容，增加新的科学知识、经济知识、社会知识，在传授知识的基础上，以发展学生智力、拓展学生知识为立足点，强化学生心理品质的培养，注重培养厚基础、宽口径、高素质人才，要搭建使大学生脱颖而出的平台，为学生提供一个系统的、具有时代气息的知识结构和智能框架。

（2）加强社会实践，增强大学生的社会适应性

社会实践是增强大学生社会适应性的重要环节，它能验证、巩固、深化学生在课堂上学到的理论知识，促使学生运用所学知识和已具备的能力去分析问题、解决问题，加速知识向能力的转变。社会实践能使学生脱离传统的"在家靠家长，在校靠教师"的依赖性，

使大学生的自立能力得到强化，帮助大学生了解自己的社会位置和担负的社会责任，了解我们国家和民族的历史，增强民族自豪感、自尊心和责任感，从而合理调节自我期望值，纠正自我意识偏差和失误，缩短与现实社会的距离。

通过社会实践还能培养学生行动的自觉性、果断性、自制力，增强他们的挫折承受能力和自控能力，从而增强学生的社会适应能力。比如：学校可以多组织社会实践活动，锻炼他们的意志品质，提高他们心理承受能力；开设心理健康的课程，充分发挥校园媒体的宣传功能，进行广泛宣传，普及心理健康知识，努力提高大学生心理调试能力；开展大学生心理普查，建立心理健康档案，了解大学生心理状态的发展变化；在学校设置心理咨询中心，帮助大学生克服心理上的疾病和障碍。

（3）加强理想信念教育，激发大学生的主观能动性

为了让大学生更快地适应社会，我们在肯定教育的外在价值与物质力量的同时，应更多着眼于"人"的发展与完善，要充分利用思想政治课这一阵地，引导大学生学习马克思主义，用辩证唯物主义和历史唯物主义的科学态度来对待人生和社会问题，广泛进行爱国主义、集体主义和社会主义教育，帮助大学生树立正确的世界观、人生观和价值观，帮助大学生形成科学的思维方法，培养大学生的责任意识和奉献精神。同时还应重视发展大学生的个性，对学生正当兴趣和爱好给予必要的引导和支持，激发大学生进行自我教育的主观能动性，从而提高社会适应性。

（4）加强人格锻炼，以提高大学生的人际交往能力

首先，要创造优化良好的校园环境，积极营造教育情境来提高大学生的人际交往能力。学校应有目的地举办一些有创意的活动，让学生在活动中扮演生活中的角色，促使学生乐于交往、善于交往。

丰富校园文化生活及优质的宿舍管理服务，有助于大学生独立与人沟通交往和培养良好的生活习惯。

其次，让大学生积极投入到学校的各项有益活动中，主动加强人格锻炼。教育者还应该加强学生的人格锻炼，有意识地控制自己的情绪，克服认知上的偏见。需要注意的是不但要创造、优化外界条件，积极营造教育情境，还要加强大学生人格锻炼，训练学生人际交往的一些技巧，比如如何有效地沟通，怎样表达情感和取得别人的信任等等。

13. 女大学生社会适应能力的培养

女大学生是中国女性中传承先进文化、创造先进生产力的强势群体，是构建和谐社会，实现男女平等的宝贵的人才资源。她们今天在学校的定位、期望与追求，将直接影响她们未来的心理定位和价值取向。她们的观念、能力将直接影响中国女性今后的走向及社会地位。因此，高校教育对女大学生的成才起着至关重要的作用。本文拟就提高女大学生社会适应能力的途径作探讨，以期为女大学生的全面成才，终身发展拓展宽广的空间，奠定良好的基础。

女大学生社会适应状况分析

她们善于接受各种先进思想，有较强的人际交往能力，成才意识强，具有强烈的进取心、责任心，渴望成就一番事业；然而，面对就业选择，从思考就业问题、寻求工作岗位开始她们就程度不同的遭遇到挫折并逐渐出现了一些不适：

（1）思想观念的不适应

认为取得大学文凭，能找到工作已经不错了，看到社会上"男强女弱"的现状，平素在校的激情和锐气已逐渐锉平，不想去面对现实，奋发努力，降低对未来的要求，从而导致不思进取，甚至会出现被市场大潮淘汰的可悲结局。

（2）知识储备的不适应

每当遭遇专业不对口、知识层次偏低的现实时，往往缺乏重新学习、创造生活的勇气和信心，意识不到学习是立身之本，发展之源。随着家庭的建立，年龄的增长，便会放弃对学业和事业的追求，难以建立终身学习的信念。

（3）社会竞争的不适应

面对新的工作环境、人际关系和新的工作流程、工作目标要求，感到无所适从甚至怀疑自己的潜能和水平，对自己能否适应新岗位缺乏信心，对自己的未来定位大打折扣，在男性意识形态占主导地位的传统的性别模式里，难以改变传统社会意识形态中的女性地位和形象。因此，女大学生能否适应社会，把握机遇，关键看掌握、应用和创新知识的能力，还要看其是否具备挑战自我、抗争现实的勇气和能力，而这一切都需要具备良好的知识素养和意志品质。

大学是人生中的一个重要的职业教育阶段，是进入社会、走上职业岗位前重要的专业学习阶段，是职业生涯的准备期。女大学生要适应社会，从事一定的职业，得到真正的自由发展，获得事业的成功，实现自身价值，使之成为某一领域的佼佼者，女大学生自身必须增强适应社会的紧迫感和自觉意识，因此，增强社会适应性不仅是女大学生的必修课，而且是女大学生最紧迫的课题，而高等院校则有更大的责任。

要帮助女大学生有计划、有目的地完善和提高自己，为适应社会而较好的规划、设计职业生涯，指导她们确定其最佳的职业奋斗目标，并为实现这一目标做出行之有效的安排，订下事业大计、筹划未来、明确一生的方向，并致力于目标的实现。要强化她们的自

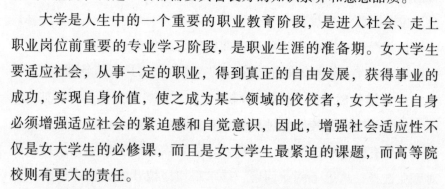

主学习意识和终身学习的理念，成为具有创新意识、竞争意识和自主意识的适应时代需求的业务精湛的高素质的劳动者和知识型、创造型的新女性。

因此，要培养她们在校期间勤于学习，敏于求知的精神，保持旺盛的学习热情，处理好学习与交友，学习与生活，学习与恋爱等关系，不断提高自己的科技文化素质，为女大学生的全面发展、主动发展、和终身发展奠定良好的基础。

增强女大学生社会适应性

女大学生希望自我完善，自我提高，注重用科学方法、科学态度衡量自己，更注重用社会标准和要求规范自己的言行，为此，高校教育要为女大学生开辟广泛的教育途径。

（1）开设新课程，拓宽新眼界

知识经济和市场竞争对女大学生的素质要求是全方位的，高校应针对女大学生成才的需要，在专业课和必修课之外，以女性课程体系为教育主渠道，尤其应将社会性别为核心理论的女性学内容引入高校课堂，通过课堂学习，使女大学生知晓女性性别优势，懂得独立的个性、自主性和创造性对自身发展的重要意义。

目前，普通高校的女性学课程尚处于构建之中，难以形成一门独立的学科，即使公共课也多涉及女性方面的外围课程，诸如女性形象、女性心理、女子社交礼仪、女子形体学等。核心课程和基础性课程的开设为数甚少，应通过开设中外妇女运动史、性别与发展、女性社会学、女性未来等课程，使各专业女生具备社会性别视角，学会用社会性别分析方法研究和解决社会现象及问题，把男女平等的理念贯穿于各个具体的领域中。

（2）拓展新思维，树立新形象

理论知识的学习使女大学生加深对性别角色、性别意识的理解和把握，那么发挥性别优势，培养女大学生的社会责任感和历史使命感，是高校对女大学生进行个性修养和品德修养教育的必修课。

为使女大学生突破思维定势，不断挖掘潜能、打造新形象，树立新目标，为寻求和把握将来的机遇做好思想准备、素质准备和能力准备，高校应利用第二课堂，广泛开展"女大学生修养"、"女性成才"的主题研讨会、报告会、演讲会、辩论赛，"女大学生才艺展示"、"女大学生形象"大赛等，用这些主题鲜明活泼、学生喜闻乐见、愿意参与的自我教育形式，引导女大学生正确评判优秀女性形象和女大学生成材的标准；实现女性人生价值的必备条件以及男女平等、未来社会对女性性别角色的期待，以激发他们破除束缚思想的旧理念，坚定成才的信心和志向。

（3）开辟新空间，走进新课堂

实践长才干，社会即课堂。组织女大学生参加社会实践活动，是走上社会前的"热身"，提前体验社会角色，会给自己的社会适应能力提供先机。女大学生期待成为社会有用人才的志向也可以在社会实践中得以验证和增强，以女大学生全面发展为目标，鼓励、策划并指导她们参加社会实践和各种科技文化活动，让她们展示自己、发现自己，显得尤为重要。高校应积极探索和建立女大学生服务社会、增长才干、创新创业的管理体制，积极组织女大学生参加社会调查、调研、志愿服务、公益活动等社会实践活动，使她们在活动中受教育、长见识、增才干、作贡献。

开展女大学生成长成才的社会实践活动应当多渠道、多形式、多方位：走进机关、事业单位，与工作、事业有成就的"女能人"一起座谈、讨论女性自强不息的经验；走进企业、经济部门，与女厂长、女经理一起探究市场经济条件下女性如何成长、有所建树的路径；走进教育、文化等部门，与女教育家、女作家、女艺术家一起探讨成长经历、成功经验；组成女大学生志愿者服务队，与共青团、妇联一起携手参加各类公益活动、志愿服务活动，从而增强女大学生的政治、经济、教育、文化、社会参与意识。

把变革中的社会作为真正的学习演练课堂，甚至把即将面临的现实问题，如学业与成家立业、恋爱与婚姻等两难选择或多难选择，直接摆到女大学生面前，引导她们进行价值辨析和甄别，帮助她们开阔眼界，使她们直面就业等压力带来的挑战，以积极进取的作为，实现自身的价值，赢得社会的广泛认同。女大学生定会通过社会实践的参与和受益而培养和塑造自己的最强才能、最大兴趣、最优性格、最佳形象，并进一步完善自己，从而促进自身的全面发展。

（4）建立新网站，探讨新形象

高校应发挥主流媒体在塑造女性角色模式方面的导向作用。应高度重视网络、报刊、广播、橱窗等媒体在推进女大学生成材方面的重要作用，特别应把网络作为关切女大学生成材的重要领域和阵地，建立女性网站，设立理论专栏，组织高质量的女大学生论坛。把工作重点放在男女平等，和谐发展，女大学生成才等的研究基础上，集中大学生的智慧，开展女性认知社会，认知自我的讨论，并适时介绍国内外女性学研究的前沿动态和最新信息，努力营造有利于女大学生全面发展、生动发展的舆论环境和政策环境。

加强队伍建设，强化引导力量

高校要适应新形势，转变观念，把引导女大学生全面发展进而更好的适应社会放在突出的位置，就需要队伍的保证和师资的支撑，因此，拓宽女大学生教育途径的一个重要的选择就是加强队伍建设，强化引导力量。

高校应建设一支有一定数量的高素质的专兼职从事女大学生素质教育的教师队伍。大力拓展女性学科的教学和科研活动，促进女性学学科体系的进一步完善，建立健全女性学研究中心，从学理层面和实践之中更多地深入探索女性学科的跨历史、跨文化的特点，给女大学生获取知识、立志成材、服务社会，以全面的直接的指导和帮助。

目前，国内高校中专门从事女性教学和研究的教师少而甚少，女性研究者大多局限在女教师中，少有男性教师参与，加之高校的党政主要领导大多为男性，女大学生的专门教育和重视程度从机构设置、人员配备到学术研究都难以形成氛围，收到成效。这种现状远远满足不了在校女大学生适应社会的教育和培养的基本需求。

建议在一些没有专门教师从事女性学研究的不具备开设女性学主干课程的学校，可以发挥高校的人才优势，组织一些专兼职教师从事专题讲学，思想政治理论课教师可尝试马克思主义妇女观等的专题内容讲授，思想道德修养课的教师亦可就女大学生的人生价值观等专题内容做深入研究、探索，还可借助社会力量，发挥妇联、共青团等群团组织的作用，聘请兼职师资，有条件的学校更应组织具有超前性、针对性的研究，并努力促进研究成果的转化。

总之，我们的教育者要从教育思想观念的转变，教育内容的扩展，教育手段、方法和途径的创新等方面对女大学生的成长进行针对性的培育，而所有这些都能真正适应女大学生成才的需要，加上女大学生们在实践中的不懈追求，我们一定能培养出足够数量的符合社会需求的推动社会前进的优秀女大学生。

第二章

学生在逆境中的性格完善

1. 决不气馁，走出挫折造成的阴影

人有祸福旦夕，月有阴晴圆缺，人生不如意之事十有八九。在现实生活中，每一位青少年都随时面临着困难、风险、挫折与失败，勇敢的人感恩挫折，失败的人抱怨命运多舛。

海明威说过："人可以被毁灭，但绝不能被打倒。"在生活中，只要能够勇敢地去做，不管成功与否，总会有一些收获的，最重要的是拼搏奋斗的过程。对于新一代的青少年来讲，勇于挑战困难的精神本身就是一种人格魅力，更何况是在逆境中挑战困难与挫折。要相信"梅花香自苦寒来"，没有河床的冲涮，便没有钻石的璀璨；没有地壳的底蕴，便没有金子的辉煌；没有挫折的考验，也便没有不屈的人格。

不经一翻彻骨寒，怎得梅花扑鼻香。

迎难而上，永不言弃，永远会说"Never Say Die！"

迎难而上，永不言弃

心理学家做过这样一个试验：将两只大白鼠丢入一个装了水的器皿中，它们会拼命地挣扎求生，一般维持的时间是 8 分钟左右。然后，在同样的器皿中放入另外两只大白鼠，在它们挣扎了 5 分钟左右的时候，放入一个可以让它们爬出器皿的跳板，这两只大白鼠得以活下来。若干天后，再将这对大难不死的大白鼠放入同样的器皿，令人吃惊的结果出现了：两只大白鼠竟然可以坚持 24 分钟，3 倍于一般情况下能够坚持的时间。前面的两只大白鼠，因为没有逃生的经验，它们只能凭自己本来的体力来挣扎求生；而有过逃生经验的大白鼠却多了一种精神的力量，它们相信在某一个时候，一个跳板会救它们出去，这使得它们能够坚持更长的时间。这种精神力量，就是一种永不放弃的积极心态。其实，成功者与失败者并没有多大的区别，只不过是失败者走了九十九步，而成功者走了一百步。

永不放弃是一种力量。在职业发展的过程中，这种力量不仅体现在对事业的追求，而且同样体现在对一种文化的追求，一种精神的追求上。在很多情况下，这种追求甚至比知识的力量更强大。永不放弃有两个原则，第一个原则是：永不放弃；第二原则是当你想放弃时回头看第一个原则：永不放弃！职场人士要永远切记：成功者的力量就是心存希望，永不放弃。

在人生的道路上，谁都免不了碰上这样那样的挫折和困难，关键是如何对待它。巴尔扎克说："苦难，对于天才是一块垫脚石，对于能干的人是一笔财富，对于弱者是一个万丈深渊。"因此，挫折和苦难是信念、意志和能力的试金石：信念坚定、勇于接受挑战的人，能够紧紧地扼住命运的喉咙，从挫折和困苦中汲取成长的智慧，把人生路上的绊脚石变成垫脚石；意志不坚定或容易满足的人，可能会打拼一阵子，但往往半途而废，无奈地举起投降的白旗；胆怯、懦弱的人常常被挫折和困难吓倒，有的自暴自弃、随波逐流，有的望风而逃、一败涂地。

然而，挫折和苦难并不是天然的财富和垫脚石，要从中得到财富和智慧，需要舍我其谁的责任感、坚如磐石的信念和经年累月的坚持。

学会忘记曾经的阴影

如果一个人，跌落进一个黑暗的枯井里，在外援无法及时到达的情况下，是痛苦等待，还是想方设法自救？面对难以抗拒的命运，面对艰难险阻，是自怨自艾，还是自强不息？而在现实生活中，不用到处寻找就能知道答案——不怕困难，永不放弃！

像这样的例子举不胜举，为了照顾生病的老母亲，大学生张尚昀白天外出打工，挣钱为母亲治病，晚上守着母亲挑灯夜读。"当代保尔"张海迪已与病魔抗争了45个春秋，面对残酷的现实，他们带给人们的不是心酸苦痛，而是最宝贵的精神财富和热情洋溢的笑容。在青春的道路上，他们选择了独立和坚强，选择了责任和担当。因为他们深深地明白，只要脊梁不弯下，就没有闯不过的坎；只要只要精神不垮，就没有解不开的难题。

和他们相比，有些学生应当感到惭愧：他们的学习条件要好得多，生活的压力要小得多，却没有感觉到更多的幸福和快乐，反而经常因为一些鸡毛蒜皮的小事闷闷不乐、顾影自怜、怨天尤人。有的遇到挫折后，殴打、虐待小动物，发泄自己的不满；有的在感冒后不去医院看病，而是千里迢迢地跑回家找父母；还有的毕业多年后依然离不开父母的援助，成为没出息的"啃老一族"……苦难显才华，好运隐天资，当我们向苦难和挫折俯首称臣的时候，常常错过了历练自己的机会。

对于逆境厄运，当代青年不应自嗟自伤，而应该像先贤教导我们的那样，学会对自己说："这没有什么了不起，坚持奋斗，生活总会好起来的。"如果广大青年朋友们都能像张尚昀那样，无论如何艰辛，都能承担责任，自重自尊，战胜困难，永不言弃，我们的理想必定会实现。

一个人应该知道自己能够做什么，应该做什么，必须做什么，更应该知道不应该做什么，不要做什么。因而，保持清醒的头脑远比聪明的脑袋更为重要。一个人如果能在坚持与放弃间保持一份清醒，那么成功就在前方的不远处等待着你，微笑着向你招手……

2. 勇于突破自我，战胜自己

古人说："知己知彼，百战不殆"。如今在现实生活中又何尝不是呢？人生就像是一盘棋，怎样去下，每一个下一步要怎样走，全由自己掌握。也许会走错棋，也许会走进死胡同，没关系的，只要这盘棋还没有结束，一切都有可能出现。对于中学生来说，只有在前进的道路上，勇于突破自我，即使是失败也是一种锻炼。要做到胜不骄，败不馁，不要永远活在失败的阴影下，勇敢地去找寻失败的原因，提升自己、战胜自己，相信自己一定能把人生这局棋走的很精彩！只有勇于突破自我，才能少些不必要的烦恼与忧愁。郑板桥说："千磨万击还坚韧，任尔东西南北风。"勇于突破自我，无需犹豫！战胜自己，何须等待！拿出你的勇气来，勇往直前，永远争取吧。

突破自我，需要勇气

人生如戏，每个人都是主角，不必模仿谁，我是我，你是你，好好地活着，为自己活着。有梦想就大胆的追求！失败也不要放弃，随它花自飘零水自流。其实对中学生来说，真正的成功，不在于战胜别人，而在于战胜自己。

小宝从小性格就内向，自尊心也特别强，所以学习成绩一直也很好。可是，最近她总以为别人时刻都在用鄙视眼神的看她、评价她，所以她担心自己会出什么差错，否则，会让人看不起。后来，她暗恋上了班内的某个男生，但又不敢表露出自己的爱慕，还怕别人知道这个秘密。有一次，好朋友给她开玩笑说："我知道你爱上他了，你别藏在心里啦！"她一听心里急得发慌，担心别人会对她评头论足。从此以后，她见人就躲开，不愿理会别人。有人找她聊天、玩耍，她就面红耳赤、心慌意乱，而且说话也是语无伦次，最后导致一见人就担心害怕。

以上这个事例表明，小宝是由于社交恐惧心理导致她不能正常与同学交往。最终陷入困境、不能自拔。这种社交恐惧是因心理紧张而造成的心理性疾病，只要有这种心理的中学生做到全面了解自己，树立自信心；改善自己的性格；学会与别人交流；掌握些社交技巧……只要将这些落实到位，相信战胜不良的心理障碍指日可待。

中国有句俗语说得好："不会战胜自己的人，是胆小的懦夫。"突破自我，需要勇气，需要其顽强生命的活力。中学生朋友们，无论是健全的身躯还是残缺的臂膀；无论是优越的条件还是困窘的环境，大胆地拿出你的勇气，你的胆识，去克服困难，克服恐惧，克服失败带给你的消极情绪。不管你正在前行中，还是失意时，此刻不要再彷徨，不要再犹豫，对现在的你来说从失败中找出通向成功的途径才是最重要的。

青少年朋友们，只要勇于突破自己的防线就等于打开了智慧的大门，开辟了成功的道路，铺垫了自己在人间的旅途，铸成了自己的一种面对任何烦恼和忧愁的良好心态。

战胜自己，走向成功

他出生在一个寂静荒野的村庄上，因为贫穷，常被赶出居住地，全家人不得不经常搬家。9 岁的时候，母亲因病不幸去世，生活变得更加艰难。22 岁时，他失业了，很是伤心，决定参加州参议员竞选，但落选了。想进法学院学法律，但因种种原因进不去。不得不向朋友借钱经商，可不到一年就倒闭破产了，欠下了巨额外债，此后的几年里，他不得不为偿还债务到处奔波。

25 岁，他再次参加州参议员竞选，竟然赢了，以为从此好运就会来了。第二年，正当他准备结婚时，未婚妻不幸去世，受到打击，为此心灰意冷，而卧病在床。

29 岁，竞选美国国会议员，结果没有成功，但他没有放弃，于第二年又参加竞选美国国会议员，可还是落选了。

因为竞选赔了一大笔钱，他申请担任本州的土地官员，但申请被退了回来。几年里，接二连三的失败并没有使他气馁，而是勇敢的面对，挑战失败。过了两年，他再次竞选美国国会议员，依然遭到失败。

在他 *51* 岁时，*1860* 年，他终于当选为美国总统。他就是一个令全世界都为之叹服的伟人——美国第十六任总统，亚伯拉罕·林肯。他战胜了生命中接踵而来的各种挫折与不幸，最终战胜了自己，登上了人生理想的高峰。

鲁迅先生说："人生的旅途，前途很远，也很暗，然而不要怕，不怕的人面前才有路。"的确，在通往成功的道路上，不乏荆棘和陷阱，到处都有困难和坎坷。有些人遭到了一次次失败，便把它看成拿破仑的滑铁卢，从此一蹶不振。而对于一心要取胜、立志要成功的人来说，一时的失败并不是永远的结局，在每次遭到失败后重新地站起，要比以前更有坚强的毅力和决心向前努力，不达目的决不罢休。

布伦克特说："只要不让年轻时美丽的梦想随着岁月飘逝，成功总有一天会出现在你面前。"要坚持你的梦想，不要退缩，成功并不是海市蜃楼，那是黎明前的黑暗，因为阳光总在风雨后，请相信有彩虹！坚持自己的梦想，成功就在你的前头！

纵观古今中外的成功人士举不胜举，司马迁虽然身受宫刑，但仍不屈不挠，凭着顽强的毅力完成了巨著《史记》；海伦自小双目失明，饱受病魔缠身，但她自强不息的精神促使她写下了一部又一部脍炙人口的文学著作……战胜自己说起来容易，但是真正地做起来要比战胜别人难得多。因而战胜自己，就要有坚韧不拔的意志，要有根深蒂固的信念，要有在逆境中成长的信心，要有在风雨中磨练得决心。不要时时刻刻把战胜别人看得太重要，最大的胜利便是战胜自己。战胜自己并非易事，所以，中学生朋友们要加强培养战胜自己的目标、决心、能力及克服困难的勇气。

卡耐基曾说："经过无数次失败以后，姗姗来迟的东西叫成功。"漫漫人生路上也正是有了成功与失败，生活才有意义。作为旭日东升的青少年，要明白成功绝非偶然，是靠艰辛的付出和耐心的积累而来，当你在一次次的失败后，又一次次的选择后，就会发现成功的坦途已经铺到你的面前了。要记住，在生命中勇于突破自我，战胜自己，不要放弃自己的梦想和追求，努力向前。

3. 自信是成功的必备因素

自信是一种精神状态，为了使信心能为你的成就有所助益，你必须具备积极的信心。

古今中外，凡是智能上有所发展、事业上有所成就的人，都有一条成功的秘诀：自信。这些人尽管各自的出身、经历、思想、性格、兴趣、处境等有所不同，但他们都有一个共同点就是对自己的才智、事业和追求充满必胜的信心。自信的意识、自信的力量，足以使一个人潇洒自如地直面人生，以艰苦卓绝的奋斗改变自己的命运或是实现自己的人生价值。古有司马迁宫刑而作《史记》，孙膑刖足而修兵法；近代有又聋又瞎的海伦·凯勒给全世界以新的启示；如今有位截瘫的张海迪成为时代的先锋和楷模。试观寰宇，多少人杰高擎自信的旗帜，怀着巨大的希望生活，从逆厄中奋起，在困挫中挺进，披荆斩棘，一路豪歌，而终于冲上了人生的巅峰，向世界证实了人的伟大。

自信就是力量，奋斗就会成功！维克多·格林尼亚年轻时是英国瑟儿堡地区很有名的一个浪荡公子。有一次，在一个盛大的宴会上，他像往常一样傲气十足地邀请一位年轻美丽的小姐跳舞，那位姑娘觉得受到了极大的侮辱，怒不可遏地说："算了，请你站远一点。我最讨厌像你这样的花花公子挡住我的视线。"这句话刺痛了格林尼亚的心。他在震惊、痛苦之后，猛然醒悟，对自己的过去无比悔恨，决心离开瑟儿堡，去闯一条新路。他在留给家人的纸条上说："请不要探问我的下落，容我刻苦努力学习。我相信自己将来会创造出一番成就来的！"结果，经过 8 年的刻苦奋斗，他终于发明了以他的名字命名的"格式试剂"，并荣获诺贝尔奖，成为著名的化学家。

无疑的，你可暂时放松你的理智和意志力，并完全敞开你的胸怀去接受无穷智慧。思想是一个人有权完全掌握的惟一对象，你必须控制你的思想，使它定期敞开以接受无穷智慧力量。

乔·特纳维尔说："无论你的内心所怀抱着的意念或信仰是什么，他都可能成为真实。因此，切勿在通往无穷智慧的道路上自设路障，就像当阳光透过三棱镜时，会分成多道光束一样，当自信化作无穷智慧通过你的内心时，也会绽放出不同的光芒。"

人并非天生伟大，成功者也不是天生之才，而且也不一定在少年或青年时代就是出类拔萃的人才。而是自信主动意识决定了一个人走向成功！像维克多·格林尼亚这样的"浪子回头金不换"，不就是这个道理吗？

记住，信心是一种精神状态，它是靠着调整你的内心，去接受无穷智慧的方法发展而成的。信心是使无穷智慧的力量配合你明确目标的一种适应表现，信心是"成功"的发电机，也是将你的想法付诸实现的原动力。

4. 只有自信才会真正成功

人的伟大就在于具有主体性和能动性，就在于可以树立自信主动意识，就在于能够自觉地生活，创造性地劳动。这种伟大是任何动物都不具备的，因为只有人才成为万物之灵，只有人才能够改造生存环境，创造各种财富和文明。

动物吃饱了肚子就不再干什么了。长颈鹿只要看到狮子的腹部下垂，就不会害怕狮子，因为它知道狮子已经吃饱了，不会再扑食。于是它就敢于呆在狮子旁边，不用逃跑。然而，人是不会满足于有吃有穿，仅仅能够活着，也不会满足于已经获取的条件与成就。人的欲望和需要总是不断提高，不断更新，而且人还要自我实现——达到自己理想的目标，成为自己期望成为的那种人，这就是人的主体性和能动性。成功心理正是基于人的主体性和能动性而构建起来的人生科学，又是为了充分开发人的主体性和能动性，使更多的人变得更加自信和伟大。如果我们听信遗传、教育、环境三种决定论的"决定"，那岂不等于承认"命里注定"是真理，只能听天由命了吗。

在相同的环境里成长、生活、学习、工作，从同一条水平线上起步走上人生的旅程，为什么有的人干出一番事业，而有的人却终生平庸无为？即使是从同一个穷乡僻壤的环境里长大的青年人也会有不同的命运；即使是同一个名牌大学毕业的本科生或研究生也会有不同的前途；即使是同一个家庭的双生兄弟或孪生姐妹也会有不同的性格和作为……凡此种种不同的人生之路是从哪里产生区别、开始"分歧"的呢？细说起来因素众多，但决定性的因素就在于一个人的意识是否觉醒，精神是否解放，也就是有无自信主动意识。

世界著名指挥家小泽征尔在一次欧洲指挥大赛的决赛中，按照评委会给他的乐谱指挥乐队演奏的时候，发觉有不和谐的地方。起初他以为可能是乐队演奏错了，就停下来重新演奏，但仍然有个地方不和谐，不如意。小泽征尔向评委们提出乐谱有问题。但在场的作曲家和评委会权威人士都郑重说明乐谱没有问题，而是他的错觉，请他找出原因，把乐曲演奏好。当时小泽还不是世界级的指挥家，而只是一个参赛者。但他稍加考虑，面对一批音乐大师和权威人士大吼一声："不，一定是乐谱错了！"话音刚落，评判台上立刻报以热烈的掌声。

原来这是评委们精心设计的圈套，以此来检验参赛的指挥家们在发现乐谱有错误并遭到权威人士的"否定"的情况下，能否坚持自己的正确判断。前两位参赛者虽然也发现了问题，终因趋同权威人士而遭淘汰。小泽征尔却自信坚定，因而摘取了这次世界音乐指挥家大赛的桂冠。

类似的现象在现实生活中并不鲜见。有些人在作出选择和决定后，一遇到领导、专家甚至是同事、朋友提出不同意见，就发生动摇，怀疑自己的主意不对头，遂放弃原来的选择与追求，甚至明明发现权威的指示与实际不符，也不敢坚持自己的观点，以致将错就错，随风摇摆。

当然，自信不是主观武断，是以真才实学为基础的。但对许多人来说，最难的不是学习掌握某种专业或职业的学识，而是强化自信主动意识，发挥自己的主体性和能动性，即发挥人的最伟大之处。

让我们放开眼界来看看国际上的先进与落后的变化有什么奥秘吧。有人说："技术和管理是推动经济发展的两个轮子"。但这"两个轮子"又是由什么力量推动的呢？在现代社会，先进的技术和管理一般并不保密，四处传播，谁都可以学习和掌握。为什么有些国家用得好，有些国家不行呢？即使是同样社会制度的国家，如欧美的资本主义国家之间，为什么也有很大的差距呢？从近代到今天的发展轮廓来看：18世纪是英国的奇迹，称霸全球；19世纪是德国的奇迹，突飞猛进；20世纪主要是美国的奇迹，最为富强，还有"二战"后的日本的经济腾飞。为什么有些国家不行？难道这些国家不知道采用先进的技术和管理来推动经济的发展吗？而且，即使采用了同样的技术和管理的方法，如全面质量管理，为什么在不同的地方、不同的人手里，其效果也大不一样呢？这就如同人们读同一本书，体会不会一样；听同一个讲座，收获也会不同；进行同样的变革，效果也会有明显差别。这就是因为人的心态、意识，尤其是欲望与动机有所不同。正是意识的不同决定了能否发挥人的能动性和创造性。

"工欲善其事，必先利其器。"方法和工具自然是重要的，正如同专业知识和职业技能对每个人来说都是重要的一样。但这些东西是供人掌握和使用的。它能否发挥作用，发挥到什么程度，却是由人的意识决定的。一把削铁如泥的宝剑，在文弱书生手里，未必能发挥作用。上好的宣纸对不爱好书法的人来说，又有多少用途呢？等于是废物。家长买了高级的钢琴未必能培养孩子成为钢琴家。学了许多经营管理知识的厂长或经理不一定会成为优秀的企业家……推动技术和管理这两个轮子向前发展的驱动力是什么呢？有关学者将不同时期、不同国家的历史文献和文学作品表现的人们发奋图强、求取成就的意识与同时期、同国家的经济增长率相对照，结果发现，经济增长的多少快慢总是以人们的成就动机的强弱为先兆，并与之成正比的。

经济发达国家创造奇迹的时期，都是他们的成就动机和创业精神最旺盛的时期。相反，任何国家缺乏拼搏进取的精神就会发展缓慢，甚至停滞不前，处于落后的状态。

5. 自律造就非凡人生

自律的思想结构

（1）情绪　这个世界上只有两种问题，一种是你能解决的问题，而另一种是你无法解决的问题。

你应立即以最实际的方法，着手解决你能解决的问题。至于那些你无法解决的问题，你应把它从你的思想中剔除并忘掉它。

不妨把忘掉无法解决的事看成是：把使你情绪不稳定的事情关在门外，自律允许你关上这扇门，并且把门锁紧，而不要站在门内频频回顾过去的不如意。你应向前看。

当你关上这扇门时，你就是正在运用一个非常有价值的技巧，这个技巧需要诚心，以及坚强的意志力。反复这个过程多次，你的意志力就会愈坚强。

"关门"不会使你的心肠变硬或使你变得冷酷没有感情，它只会使你变得更为坚定。自律不允许你在心中藏有任何消极记忆，而你也不应该把时间浪费在那些无法解决的事情身上。如果你执意开着那扇门的话，那只会毁掉你的创造力，破坏你的进取心，干扰你的理性，并且混乱你的思想。

关上通往恐惧和担忧的门会使你有机会开启希望和信心之门。

（2）自尊心　自尊心是你意志力的来源，同时也是你所拥有的最有价值的东西，你的其他部分都是一些没有多大价值的化学元素。你必须控制并且锻炼你的这份无价之宝，它能成就任何你想成就的事——从摆脱贫穷和疾病到最具有光明希望的雄心。

有些人的自尊心显得柔弱而且缺乏勇气，而有些则显得过分自负，大多数人都有趋于前者的倾向，无论是哪一种人都不会有什么成就的。

别让柔弱的自尊心使你变得退步，曾经有一位很富有的人，因为经商失败而沦为每周只赚几百元的计程车司机。虽然开计程车本身并没有什么不好，但是对于一位收入曾经达到6位数字的人来说，这并不是一项适当的工作。所以他需要的是想办法激发自己的自尊心，以使他再度迈向成功。

务必要把你的自尊心看成是你最宝贵的资产，并且要像保护一颗钻石一样地保护它。想必你不会把钻戒随手乱扔，任由别人来捡吧！但大多数的人，却在每个人面前都掏出自己的自尊心，并让自尊心受到恐惧和忧虑的污染。不要让别人知道你心中的秘密，也不要让别人把他们的负担加在你的身上。你必须学习保护你内在自我（也就是自尊心）的技巧，以避免受到别人消极观念的不良影响。

在你的自尊心四周有三层保护墙，最外面一层的高度，足以将无权占用你时间的人摒除在墙外，这面墙有好几扇门，如果有人有权利占用你的时间时，就让他进来，但务必要确定这个人真的有权利这样做。

中间这道墙的高度，比第一面墙还要高，它只有一扇门，而你必须好好防守这扇门，你只能允许那些带给你所需要的东西或具备共同点，并且可以和你相互帮助的人进来。

最里面这面墙的高度之高，无人能攀爬，而且也没有门，你应该不让任何人进入这面墙内，因为这面墙的功用就在于保护你的自尊心。如果你让别人进入墙内时，则他会带着你珍爱的东西离开，并且留下担忧和焦虑。你应在你的自尊心四周筑上这面墙，并给你自己独处，以及和无穷智慧沟通的空间。

（3）理性　如果说自尊心是最高法院，那我们可以说理性的功能，就如同高等法院中的审判工作。理性会评价由想象力所创造出来的东西，修正情绪并核准良知所做的决定，你应借着观察、研究和分析真理来训练你的理性。

（4）想象力　想像力所负责的是所有创造性的努力，新的构思形成于想像力之中，而你必须允许你的理性小心谨慎地控制想像力的活动，你应集中想像力为你明确的目标服务，而不可任凭它胡思乱想。由于想像力是所有新事物之母，所以它是你迈向成功之路的一项无价之宝。

（5）良知　你的良知随时在监控你的思想和行为所表现出来的道德正义。如果你能一直接受良知的审查，并且照着它的建议去做的话，它就能使你成为众人称赞和尊敬的人物。如果你不遵从良知的忠告的话，那你就可能会和你的智囊团成员日益疏离，和无限智慧的力量断绝关系，并且充满了恐惧。最糟糕的是，这个社会为那些不肯接受良知忠告的人筑起一间间的监狱，而监狱内的铁栏杆，往往阻挡了坐监者的视线，使他们无法接触到无穷智慧。

（6）记忆　这儿储存着你从意识和潜意识部分所得到的印象。自律允许你将所有不如意的记忆从这个仓库中剔除，以使它有更多的空间可容纳积极的记忆。当你需要这些记忆中的印象时，便可随时把经由自律而强化的意志力调出来加以使用。

自律是用来协调这些思想的，并控制它们。它所显现的直接效果，就是会集中所有努力，以便迈向成功所需要的精神和谐。

从平庸走向成功

自律作为一种修养往往能使一个人从渺小走向伟大，从平庸走向成功。所以，我们把自律作为成功人士必不可少的素质提出来加以探讨。但是，这里可以断言的是，凡是细心严谨的人总能严格自律和自我克制。不仅如此，在邪恶的时代，他们还能积德行善，能忍受一切磨难。经历这一切之后，他们更能勇敢地站起来，反对灵魂的邪恶，反对黑暗世界的统治者。他们的信念坚如磐石，因此，在适当的季节，他们必将获得收获。

克制和自我控制能使生活之路变得平坦，能开辟许多道路，如果没有这种克制和自我控制，就不能开辟这些道路。自尊也一样。因为当人们尊重他们自己时，他们通常也会尊重其他人的人格。

在政治上，春风得意的人并非因为其天赋，而是因为其性情，并非因为其天才，而是因为其性格使他获得成功的。如果一个人没有自我控制能力，那么，他就会缺乏忍耐精神，他就会缺乏机智，那么，他就既不能管理他自己，也不能驾驭别人。皮特先生在出席一次以"首相最需要什么素质"为主题的会谈时说，首相最需要的素质是"雄辩，"另一位学者却说是"学问，"第三位则说是"辛劳。""我不敢苟同，"皮特先生说，"我认为，作为一名首相，他最需要的素质是'忍耐'。"因为忍耐就意味着自我控制，他自己就有这种极好的自我控制素质。他的朋友乔治·罗斯在谈到他时说，他从来就没有看到皮特先生大发脾气过。虽然，忍耐通常被视作一种"缓慢"的道德，但是，皮特先生却将这种"缓慢"的道德，即忍耐，与最敏捷、最辉煌的魄力、思维以及行动的迅速有机地结合起来了。

正是因为忍耐和自我控制，真正的英雄品质才臻于完美。伟大的汉普登便具有这种最杰出的忍耐和自我控制的素质，甚至连他的政敌也一致承认他的这些高尚的品质。因而，克拉伦敦把汉普登描绘成一个很少发怒和极其克制的人。他生性是一个乐观、开朗的人，而且，他首先是一个温文尔雅、彬彬有礼的人。他总是和声细语，他的谈话如春风化雨，使人如沐春风，他的内心洋溢着对所有人的爱。他不是一个夸夸其谈的人，但是，因为其无可挑剔的品质，他说的每一句话都相当有分量。"没有人比他更有魅力……在议会中，他非常节制，他能够极好地控制他的激情和情感。因此，他比其他人更有魅力。"菲力浦·沃里克先生，汉普登的另一位政敌，在一次辩论中，顺便提及了汉普登的巨大的影响力："如果不是汉普登先生几句极具洞察力的温和的话语及时平息了我们之间的愤怒辩论，使我们将我们之间愤怒的辩论留待第二天早晨，我们恐怕会死命抓住对方的头发，然后彼此用剑刺透对方的心脏。"

强硬的性情并不必然是坏的性情。但是，性情越强硬，就越需要自律和自我控制。

性情强硬可能仅仅意味着一种强烈的和容易激动的热情。如果对这种热情不加控制，那它就会一阵阵地爆发；如果控制或将这种热情置于人们的支配下——就像将蒸汽抑制在蒸汽机之内一样，通过滑阀和控制杆调整和控制其使用——它就会成为一种有益的能量资源。因此，历史上的一些最伟大人物都是一些性格坚强的人，而且，他们往往能同样坚决地将他们的动力置于严格的管理和控制之下。

名声赫赫的厄尔·斯特拉福德便是一位动辄发怒和激情满怀的人，为了控制其暴躁的脾气，他一直在努力和自己作斗争。在谈到他的一位朋友，年长的斯克利特里·库克的建议时，厄尔说："您给我上了一堂非常好的忍耐课，确实，我的年纪和天性使我太容易发怒了，但是，我相信，更多的人生经历将会逐渐改变我这种容易激怒的脾气，并且，只要我能及时的检点自己，我相信我能完全克服这种暴躁脾气。在此期间，起码在这一段时间，我的这种急躁脾气应该说能为人谅解，因为我的激情是为了荣誉、正义和利益。并非总是愤怒，而是激情的滥用，这种激情的滥用是一种应该受到谴责的恶习，是一种对激情不利的恶习。正是这种激情的滥用导致激情失控，泛滥成灾。"库克总是极其诚恳地给厄尔指出他的不足之处，并提醒他不要沉溺于暴躁脾气之中而不能自拔。

克伦威尔在年轻时也是一个倔强而又暴躁的人——易怒、极不温驯且爱发脾气，但是他也极富青春活力，这种青春活力使极爱调皮捣蛋的他搞了许多恶作剧。在当地镇上，人们都知道他是一个喜欢惹是生非的人，他似乎迅速地滑向坏路，但就在此时，一种极其严格形式的宗教抑制了他的倔强性格，并使他的这种倔强性格屈从于加尔文派《基督教》的铁的纪律。这样，就给他青春的活力和蓬勃的激情指明了一个崭新的方向，使他得以将其汹涌澎湃的青春激情投入到公共生活中去，并最终使他成为英国历史上最有影响的人物。

另一位得益于自律的是伟人华盛顿，其庄严、勇敢、清白和优秀的人格在历史上极富盛名。他对自我情感的克制能力，即使在最困难和最危险的时刻，也是如此之强大，以致于那些不大了解他的人都有这种清晰的印象：他似乎天生就是一个心平气和、镇定自若的人。但是，在本质上，华盛顿却是一个急性子。他的温和、文雅、礼貌以及处处为他人着想的品质都是他严格自我控制和严格自律的结果。他的这种自我控制和自律品质的训练在他还是一个孩子的时候就开始了。华盛顿的传记作家这样评价华盛顿："他热烈奔放，极富激情，在他所经历的许多充满诱惑和激动人心的时刻，是他不懈的坚持自我控制的努力使他最终控制了诱惑，克制了激动。""他的激情如此强烈，以致于有时这种强烈的激情能猛烈地爆发出来，但是，他能在瞬间克制这种强烈的激情。也许自我控制是他最优秀的性格特征。这部分是由于训练的结果。但是，在某种程度上，他似乎在本性上就拥有这种其他人所不具备的魅力。"

做一个良好的自律者

自柏拉图以后，自制力一直被视为一种美德，亦即要能抵挡因命运的冲击产生的情感波涛，不可沦为激情的奴隶。古希腊文称自制为 sophroryne，希腊文专家杜博斯解释这个字的意思是："谨慎、均衡而智慧的生活态度"。罗马与早期的基督教会则称之为节制，意指避免任何过度的情绪反应。其中的关键是均衡而不是情感的压抑，要知道任何一种情感反应都有其意义与价值。人生如果没有激情将成为荒原，失去生命本身的丰富价值。然而，正如亚里斯多德所说的，重要的是情感要适度，适时适所。情感太平淡，生命将枯燥而无味，太极端又会成为一种病态。抑郁到了无生趣、过度焦虑、怒不可遏、坐立不安等，则都是病态人格。

克制不愉快的感受正是情感是否幸福的关键，极端的情绪（太强烈或持续太久）是情感不稳定的主因。但这并不是说我们只应追求一种情绪，永远快乐的人生未免也太平淡。痛苦也是生命的一个重要成分，痛苦能使灵魂升华。

苦乐同样使人生多彩，重要的是苦乐必须均衡。如果说人心是一道复杂的数学题，幸福感便取决于正负情感的比例。这个比喻是有理论根据的。曾有人就数百名男女做过研究，请他们随身带着呼叫器，研究人员不定时提醒他们记录当时的情绪。结果发现，一个人要觉得满足不一定要避开所有不愉快的感受，只是不可让激烈的情绪失控取代所有愉快的感受。一个人即使感到强烈愤怒或沮丧，只要有相当的快乐时光相抵消，还是会有幸福感。

正像人的脑子总是不断会想些什么一样，情绪也是持续存在的，不管是清晨6点或晚上7点，前述的研究对象总会有某种情绪可记录。当然，一个人不同时候的情绪都是不同的，但如果拿几个月的记录做平均，多少可反映一个人的整体幸福感。对多数人而言，极端的情绪都很少见，大部分人都处于中间的灰色地带，在情绪的起伏线上不断有一些小小的波纹。

然而，我们仍无时无刻不在做情感管理的工作，尤其是休闲时间。不论是读小说、看电视、选择做什么活动、与谁为伴，都是为了让自己觉得更愉快。自我安慰是一种基本的重要技巧。部分心理分析家，如约翰·包尔比及温尼卡特都认为这是最重要的心理技巧。情感较健康的婴儿会学习以成人照顾他们的方式来自我安慰，也因而较不易受情感波动的影响并较易获得健康人格。

由于人脑的特殊构造，我们对自己何时受何种情绪左右缺少控制能力，但我们对情绪持续的时间确实有些许控制力。寻常的悲伤、忧虑、愤怒并不致造成太大的问题，只要一点耐性与时间，这些情绪通常会慢慢消失。但如果太过强烈又持续过久，则可能流于极端，会形成长期的焦虑、难以遏止的怒气或抑郁。一旦积重难返，可能便需要接受药物或心理治疗。

如果你能判断自己在没有药物协助下承受情绪长期不安的极限，便足见你具备自我调适情感的能力，事实上，2/3的躁郁症患者从未接受治疗。患者时而抑郁无生趣，时而兴奋昂扬，所幸有些药物可达到缓和的效果。躁郁症患者最难缠的地方是，陷入躁狂状态时，常有自大倾向，认为不需要任何人的帮助。这类严重的情绪障碍确实需依赖药物的协助。

至于一般性的不快情绪，只有靠我们自己去克服。凯斯大学心理学家黛安·缇丝曾就400多名男女进行不快情绪的管理研究，发现自我调适的方式多半不是很有效。

研究显示，并不是每个人都认为一定能摆脱不快情绪。缇丝发现有5%的人是"情绪中立派"，这种人认为任何情绪都是自然的，不管多么不快都应体验，因此从不尝试改变情绪。甚至还有人为了某些理由经常投入不快的情绪，如医师要凝重地向病患者宣布坏消息，社会运动者要积蓄对不义的愤怒才能更有斗志，甚至一个少男可能为了帮助弟弟对付不良少年而故意激起怒气。有些人控制情绪的出发点根本是功利的，例如催收账款的人可能故意鼓起凶悍之气，以免催债时态度不够强硬，不过这些毕竟是少数特例。绝大多数的人都苦于无法自如地控制情绪，每个人的调适效果也的确因人而异。

6. 风度是人的个性外衣

　　行为举止、风度仪表是一个人外在魅力的主要展现。优雅的行为举止使人风度翩翩。即使最普通的职员，只要他们行为得体，举止规范，自然会使人肃然起敬。一个人的一举一动、一言一行都与他自己的风度仪表相关联，注意这些小节并使之规范化，会给你的个性增添无限的光彩。

　　然而，有些人认为，一个人的行为举止、外在仪表无关紧要。事实上并非如此，在现实生活中，举止是否优雅、言行是否得体，对于一件事情的成败往往有直接影响。无疑地，优雅的行为举止能使社会交往更加轻松愉快，从而有利于事情的成功。"高尚的品德，"米德尔顿大主教说，"一旦与不雅的仪表举止连在一起，也会使人生厌。"

　　一个人自己的行为举止与别人对他的尊敬息息相关，在管理支配他人时，它常常比内在的、实质性的品性这类东西具有更大的作用。热情友好、彬彬有礼的言谈举止无疑会使人通身舒畅，在这种友好的交往中，成功往往就会到来。也就是说，亲切友好的行为举止会有助于事业成功。与此相反，不良的行为举止、粗鲁庸俗的言语只会使人顿生厌恶之感，这样一来，什么生意、交易都做不成。

第一印象特别重要，而一个人是否有礼貌、讲客气，是否谦恭有礼往往对第一印象有十分重要的影响。

友善的言行、得体的举止、优雅的风度，这些都是走进他人心灵的通行证。无论老年人还是年轻人的心都是向举止得体、彬彬有礼的人打开的。

有一句众所周知的格言即"风格塑造人"。但是我们不能说"人塑造风格。"一个人可能显得没有修养，甚至粗鲁无礼，但他也许是一个心地善良、品德优秀的人。如果这种心地善良、品德优秀的人能举止优雅、谦恭有礼，正如真正优雅的绅士一样，那么他们肯定对社会更加有益，在现实生活中能给人更多的快乐和幸福，他自己的事业也会更顺利地达到成功。

在一定的程度上可以说，一个人的行为举止反映出一个人的内在品格。也就是说，一个人外在的行为举止是其内在本性的表现。它反映出一个人的兴趣、爱好、情感世界、性格性情以及他早已习惯了的社会习俗等等。当然，一些普通的、大众化的礼仪习俗和生活交往方式与一个人本身内在的性格气质关联不大。但这些经过长时期自我修养、自我教育而养成的个人的行为方式，乃是一个人本身性格、气质、禀性的综合反映。因而，这些与个人内在本性相关联的仪表风度以及待人接物的方式、方法就具有不可小视的意义。

一个人的思想情感对于一个人优雅的举止有极大的激励作用。对于一个有教养的、举止优雅的人来说，高尚的情操乃是快乐和愉悦之源。这样看来，情操也如同一个人的天才和成就一样重要，而且，情操对于一个人的兴趣爱好和品性具有更直接的影响。同情心是打开他人心房的金钥匙。它不仅使人温和有礼，谦恭待人，而且使人心智洞开、富有远见。

优雅的行为举止在很大程度上根源于谦恭有礼和善良友好。从外表上看，礼貌乃是一种表现或交际形式，从本质上讲，礼貌反映着我们自己对他人的一种关爱之情。也许一个人并没有必要对他人表示关爱之情，但他却对别人十分礼貌。优雅的举止与得体的行为并没有什么本质的区别，二者基本是一致的。有一段话说得好："漂亮的体型比漂亮的脸蛋要好；优雅的行为要胜过婀娜多姿的身段；优雅的举止是最好的艺术，它要胜过任何著名的雕塑或名画。"

真正的礼貌必然源自真诚，必然是出乎内心，不然的话，就不会产生持久而深刻的印象。缺乏真诚的优雅是不存在的。粗鲁的言行、粗暴的性格与优雅的行为风马牛不相及，优雅的行为举止乃是人性的一种自然流露。尽管有人认为，从最完美的形态上说，礼貌正如水一样——"清洁、单纯、无色无味。"但个人的天赋总会这样或那样地掩盖行为举止的缺点，由于个人的天赋、性格不同，人们的行为举止不可能像一副模子里出来的一样，有的人行为较为偏激，富于个人特色，这都是很正常的合乎人性的东西。没有创造性，没有个性，人类生活就没有变化，也就没有了乐趣。

真正的谦恭有礼必出自善良。心地善良的人必然乐于助成他人的幸福，而不愿意让别人痛苦或烦恼。正如友好和善意一样，谦恭有礼自然让人感到轻松愉快，谦恭有礼与友善的行为总是合二为一、不可分离。使人感到惊奇的是，斯贝克上尉说，"即使生活在非洲腹地的内陆湖泊附近的乌干达民族都具有这种高贵的品性。"乌干达人有一句名言说："忘恩负义、恩将仇报的人必遭天罚。"

真正的谦恭礼貌总是特别表现在对别人人格的关心这一点上。如果一个人希望别人尊重自己，他自己要就善于尊重他人的人格。他应该注意关注别人的思想、观点，即使别人的思想观点与自己的相左，也要善于容纳。真正有礼貌的人总是尊重他人的意见和看法，从不强求他人的意见与自己的一致，有时他得控制自己的情绪，压

87

制自己的不同意见，虚心听取他人的不同意见。他应该宽容，善于忍耐、克制，避免作任何尖刻的评论。任何过激的言辞、尖刻的评论总会招致别人对自己的言行的过激与尖刻的评论。

有一位名叫布鲁纳尔的工程师说过一句这样的话："恶毒的言行举止乃是人生最为昂贵的奢侈品。"约翰逊博士也曾说过："先生们，任何人都无权说粗鲁的话，更无权干粗鲁愚昧的事情，恶言恶语伤人比将一个人打倒在地更令人怨恨。"

那些明智的、有礼貌的人从来就不会表现出自己比邻居更优越、更聪明或更富有。他们从来不向别人夸耀自己高贵而显赫的社会地位，不向别人炫耀自己的职业，或者总是夸夸其谈地谈论自己的工作，三句不离本行，一开口就要炫耀自己的生活或工作经历。与此

相反，那些明智和有礼貌的人们总是温良恭候，他们总是特别谦虚谨慎，从不装腔作势、装模作样，不夸夸其谈，不招摇过市。他们总是通过自己的行为而不是通过自己的言语来证实自己的个性和品格。

一般来说，不尊重他人感情主要是因为自私自利，自私自利总是会导致种种生硬、粗鲁和令人厌恶的行为举止。当然，这种种令人厌恶的行为举止并非出自恶毒的天性，而是由于这种人缺乏必要的同情与体谅他人之心，忽视了日常生活中那些使人愉快欢乐或痛苦的细小之处，而自觉或不自觉地致使别人不愉快。可以说，一个人到底有没有好的有修养的个性主要在于这个人有没有自我牺牲精神，在日常的生活中能不能够真正体贴、关心他人。

在日常生活中，那些没有一点自制力的人是令人难以忍受的。这种人总会给人带来莫名其妙的烦恼和痛苦，与这种人交往，没有一个人会感到由衷的畅快。正是由于缺乏自制力，许多人一辈子都在与自己制造的种种麻烦作斗争。由于他们的任性、倔强和粗暴，

成功总是与他们无缘，苦恼和麻烦总是与他们形影不离，跟从不失。而其它一些天赋并不太高的人，由于他们具有耐心和毅力，心气平和，善于自我克制，因而总是一帆风顺，并取得非凡成就。

正如一个人的天赋一样，一个人的个性对于一个人的成功有非常重要的影响。无论如何，有一点是可以肯定的，那就是：一个人的幸福取决于一个人的个性。尤其是那种生性乐观愉快的个性，取决于一个人的谦恭有礼和友善的交往方式，以及乐于助人等等这类品性。正如日常生活中的一些细小之处一样，这类看似平凡的品德乃是每一个成功的人所必须具备的。

7. 宽容是一种美德

杰出人物总是善于容忍、宽大。这种宽容是对自我性格中暴躁一面的自律。朱莉娅·韦奇伍德夫人说："所有精神礼物中，最珍贵的便是理性的宽容；文明的最大教训便是我们一定要相信那些我们无法预见的困难。"

对那种不能容忍、脾性偏狭的最好修正便是增加智慧和丰富生活经验。培育良好的修养也往往能使人们摆脱那些无谓的纠缠。那些不能容人、脾性偏狭的人很容易卷入到这些无谓的纠缠中。良好的修养主要在于这样一种脾性之中，具有这种脾性的人能公正、理智、慎重和仁慈地对待和处理生活中的实际事物。因此，有文化修养和生活经验丰富的人总是能很好地克制自我、宽厚待人，那些愚昧无知和心胸狭窄之人就往往不能容忍和宽厚待人。那些具有宽厚性格的人其性格的宽厚程度与其实际智慧成正比，他们总是能考虑别人的缺点和不利条件而原谅他们——考虑别人在性格形成过程中环境因素的控制力量，考虑别人不能抵制诱惑而犯错的情形。

在很大程度上，人生是我们自己写就的。开朗快乐的人拥有快乐幸福的人生，而抑郁忧愁的人则拥有抑郁忧愁的人生。我们常常发现，我们的性情往往能折射出我们周围的现实。如果我们自己是爱发牢骚的人，我们通常也会觉得别人也爱发牢骚；如果我们不能原谅和容忍别人，不能宽厚待人，人们也会以同样的态度对待我们。

如果我们想与人和睦相处并得到他人的尊重，那么我们就应该尊重他人的人格。每个人都有他自己的为人处世方式和性格特征，我们与他人打交道时，应该容忍他们的为人处世方式和性格爱好。我们也许并不清楚我们自己的怪癖抑或一些奇怪的方面，但它们却实实在在地存在着。在南美的一个小村，那儿的大脖子病或甲状腺肿是如此之普遍以致该村的人以为没有这种病的人就是畸形人或丑八怪。一天，一群英国人经过那儿，村庄里的许多人都嘲笑他们，并狂呼乱叫："看，看这些人——他们没有大脖子（病）！"

伟大而极富教养的大学问家法拉第曾和他的朋友廷德尔教授在信中交流他的心得体会，下面便是他令人钦佩的建议，这些建议充满了智慧，也是他丰富人生经验的总结。法拉第说："请允许我这位老人，这时，我应该说从人生经历中获益匪浅，谈谈我的心灵感悟。年轻时，我发现我经常误会了别人的意思，很多时候，人们所表达的意思并非我想当然的那种意思。而且，更重要的是，通常，对那种话中带刺的话装聋作哑要比寻根究底好，相反，对那种亲切友好的话语仔细品味要比权当耳边风要好。真相终归会大白于天下；那些反对派，如果他们本身错误的话，用克制答复他们远比以势压人更容易使他们信服。我想要说的是，对党派偏见视而不见更好，对好心好意则应该目光敏锐。一个人如果努力与人和睦相处，那他一生中就会获得更多的幸福。你肯定不能想像出，我遭人反对时，我私下也经常恼怒不已，因为我不能正确地思考，因为我总是目空一切；但是，我总是努力地，我也希望能成功地克制自己与别人针尖对麦芒地针锋相对；我也知道我从未为此受到过什么损失。"

画家巴里在罗马时，因为他惯于争论的习惯，他又和罗马的艺术家以及艺术爱好者，就油画和绘画作品的经营问题，展开了激烈的争论。他的朋友和同乡埃德蒙·伯克———一位宽宏大量的人——热情洋溢地给他写了一封信，并劝他说："请相信我，亲爱的巴里，诚然，用武器可以反对世界的邪恶，但是，能使我们和解的品质却是节制、温和、宽容他人以及多多地反省我们自己；这些品质并非是那种卑怯性质的品质，一些人也许这么认为，其实，这些品质是一种伟大的崇高的品质；这种品质能使我们沉着镇静，也能给我们带来好运；没有任何其他东西能比一颗温和平静的心灵更能使我们从容地面对一个充满流言蜚语、充满尔虞我诈、充满暴力冲突的世界。我们应该与我们的同类和睦相处，如果我们不是为了他们，至少我们也应该为了我们自己的利益而与他们和睦相处。"

伯克这充满哲理的劝慰话语，即使在今天看来，也毫不逊色，足可作为我们做人与处事的金玉良言。

8. 克制骄傲的情绪

取得了一点胜利就骄傲自满，小富即安的创业者是没有多大出息的。面对胜利和成功，最能考验一个创业者的心理素质和自控能力。

日本索尼公司遵奉的信条是"锐意创新，永不骄傲"。

日本式的企业经营方法，已在世界上获得了高度评价，索尼所开展的各项国际活动和企业经营已广为传开，被拿来作为学习研究的典型实例。

索尼给人们的印象，在最近几年里有很大的改变。相隔几年以后，再次到日本去的一位美国经济特派员，对索尼的变化感慨地说："从前，索尼给人们的印象是：一个高超技术领域里的综合电子研究。然而，我们已经了解到：它是朝向各方面发展的，因此，有必要修改对它的认识。"这是对索尼永不满足，永远追求的最好评价。

美国《商业周刊》杂志曾刊登一篇介绍事务自动化的文章，在文章里高度评价索尼打进事务自动化领域里的战略，引起了国内外的很大关注。

索尼是一家日本人家喻户晓的企业，是在战后创建，获得高度成长的公司。在社会上，曾经出现了索尼——土拨鼠论、技术的索尼、时代的宠儿、索尼神话等议论，引起了人们的很大注意。

在产品方面，索尼曾让磁带录音机、晶体管收音机、单枪三射束彩色电视机、录像机等划时代的产品，相继开花结果。取得了令人瞩目的成就，然而公司告诫全体员工的是"永远不能骄傲自满"。

不断探索，将独创的尖端技术开发出来，通过自己的市场销路开展销售。然后，再寻找新的种子和新的销路，这就是索尼获得成功的源泉，以此建立了"索尼式的传统"。

索尼所注意的工作并不限于开发产品。在经济高速成长时期，曾经出现了美国式经营方法高潮和"经济动物"、"猛干主义"等的议论，也出现对美国式的超合理主义的称赞，对日本的"年功序列"式企业结构和终身雇佣制提出批评。

在这期间，索尼一贯追求的是：索尼式的企业经营理念——"开拓创新，永不骄傲"。盛田昭夫会长（当时的副社长）所著：《学历无用论》和曾任常务、厚木厂长的小林茂所著：《索尼能让人施展才能》、《创造性企业经营》，都是非常畅销的书。索尼正在按照实力主义原则，选拔人才、培养人才，建立自己的企业经营理念。

索尼公司"锐意创新，永不骄傲"的经营理念，使得它获得了享誉世界的创业成功美名。我们那些小富即安、浅尝辄止、自骄自大的小农意识的创业者们，难道不应该从中汲取点什么吗？

9. 控制不良的情绪

缺乏对自己的情绪控制，是成功者的大忌。

愤怒时，不能遏制怒火，使周围的合作者望而却步；消沉时，放纵自己的萎靡，把许多稍纵即逝的机会白白浪费。这就是缺乏自控能力所带来的危害。

有一天，拿破仑·希尔在商场里偶尔注意到柜台后的一位年轻小姐正在接待一些愤怒而不满的妇女，丝毫未表现出任何憎恶。她脸上带着微笑，指导这些妇女们前往合适的部门，她的态度优雅而镇静，拿破仑·希尔对她的自制修养大感惊讶。

站在她背后的是另一个年轻女郎，她在一些纸条上写下一些字，然后把纸条交给站在前面的那位女郎。这些纸条很简要地记下妇女们抱怨的内容，但省略了这些妇女原有的尖酸而愤怒的语气。

原来，站在柜台前面，面带微笑聆听顾客抱怨的这位年轻女郎是位聋子。她的助手通过纸条把所有必要的事实告诉她。

拿破仑·希尔对这种安排十分感兴趣，于是便去访问这家百货公司的经理。经理告诉拿破仑·希尔。他之所以挑选一名耳聋的女郎担任公司中最艰难而又最重要的一项工作，主要是因为他一直找不到其他具有足够自制力的人来担任这项工作。而自制力又是保证公司利益的法宝，所以这么安排了。

拿破仑·希尔站在那儿观看那群排成长队的妇女，并且发现，柜台前面那位年轻女郎脸上亲切的微笑，对这些愤怒的妇女们产生了良好的影响。她们来到她面前时，个个像是咆哮怒吼的野狼，但当她们离开时，个个像是温顺柔和的绵羊。事实上，她们之中的某些人离开时，脸上甚至露出羞怯的神情，因为这位年轻女郎的"自制"已使她们对自己的作为感到惭愧。

自从拿破仑·希尔亲眼看到那一幕之后，每当对自己所不喜欢听到的评论感到不耐烦时，就立刻想起了柜台后面那名女郎的自制而镇静的神态。而且他经常这么想：每个人应该有一副"心理耳罩"，有时候可以用来遮住自己的双耳。拿破仑·希尔个人已经养成一种习惯，对于所不愿听到的那些无聊谈话，可以把两个耳朵"闭上"，以免在听到之后徒增憎恨与愤怒。生命十分短暂，有很多建设性的工作等待我们去进行，因此，我们不必对说出我们不喜欢听到的话语的每个人去进行'反击'。

拿破仑·希尔在执行律师业务期间，曾经注意到一项十分聪明的诡计，是辩护律师专门用来套取对方证人证词的。因为这些证人对于对方律师的质问往往回答说："我不记得了。"或是"我不知道。"当辩护律师使用各种方法企图套取这种证人的证词而告失败的时候，他就会设法激怒这名证人。而这名证人在愤怒的情况下，往往会失去自制，说出他在冷静的情况下不会说出的一些证词。

作为一名成功者，我们不可能使自己变成真正的聋子，但成功者有时确实应该戴上"心理耳罩"，这样，有利于情绪控制，使自己的创业活动在更理性的范围内运作。

10. 有困境才有希望

成功不是每时每刻都那么幸运地降临每一个人的身上的，世界

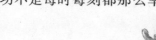

上成功的人们总是试图从困难中寻找希望，而失败的人则是只会从希望中寻找困难。这就是为什么有的人一辈子都能成功，而有的人是一辈子碌碌无为的差异。

青少年要想让自己踏上成功的台阶上，必须学会寻找自己的困难，做事情遇到了哪些困难，那么就要想办法自己去努力地解决，而不是去借助他人的力量去解决。困难是需要人们经受一定考验的，并不是每一个人都有困难，困难只有自己去用心去发现。

一切困难都源于自己的内心

长期处于困境的人们，其内心都是有一定的耐心去值得考验的，并不是困难莫名其妙地就赋予了一个人，那是在考验一个人是否能战胜自己所处的困境的。有才能的人会抓住困境这条藤去摸索希望之路，而没有头脑的人则只会让希望悄悄地从自己的身边溜走。

曾经有一个年轻人在报上看到应聘启示，正好有一份是适合他的工作。于是就去应聘。当他准时前往应征地点时，已经有几十个男青年在排队了。并且在他看来，那些青年们都是高学历的知识青年。但是他并没有就此灰心。

如果是一个对事持消极态度、意志薄弱、不太聪明的男青年来说，可能会因为这些而打退堂鼓。但是这位青年人与之相反。他对事非常的积极，非常主动，认为自己应该动脑筋，运用上帝赋予的智慧想办法解决困难。他的思维空间并不是那样的狭小，而是认真用脑子去想，想办法解决。于是，这位年轻人想出了一个很好的办法。

他在一张纸上写了几个字。然后走出行列，让他后面的男孩为他保留位子。他走到前台女秘书面前，很有礼貌地说："小姐，请你把这张便条交给老板，这件事很重要。谢谢你！"

女秘书对年轻人的印象很深刻。因为他看起来神情非常的愉悦，文质彬彬。如果是其他的应征人员，她可能不会注意，正是因为在这个年轻人身上透露着一股强有力的吸引力，非同寻常，因此令人难以忘记。所以，她将这张收下并把纸交给了老板。

老板给过纸条打开一看，看后把纸又给了秘书，女秘书也看了下纸条，笑了起来，上面是这样写的："先生，我是排在第 21 号的男孩。请不要在见到我之前做出任何决定。"

我们试想那位年轻人到底找到了工作了吗？像他那样的，对事情都有一种积极的态度去面对，做事非常主动的年轻人无论到什么地方都会有所作为的。虽然他年纪很小，但是他知道去主动给自己争取机会，抓住问题的关键，然后从各方面解决问题，并尽他的全力做好。

所以我们用积极的心态来面对困难，只有把困难当作是一种希望，并善于运用自己的智慧，这样才可能把事情做好，成为一个真正的成功者，把困难变成希望。

解除困境，抓住希望

困境不是从来就有的，看一个人用什么心态去面对了。困境有时就像一个软气球，你吹足了空气在里面，气球就可以很快地飞上天空。但是你如果不吹它，它就会充满很多阻碍的气体，无法满足其飞。人生何尝不是这样呢？气球都能充满了其他的气体，人生也是充满了困难的，所以，解除困境，学会抓住手中的希望。

有这样一个故事，有位老农养了一头老驴。有一天，老驴掉进了井里。老农听到老驴痛苦的喊叫，想把它救出，但是他自己没有这个能力，不忍心眼看着它艰难痛苦地死去。于是就请人帮忙，一起往井里铲土，想把它活埋了。一锹一锹的土打在老驴的背上，老驴到了生与死的紧急关头，就在这个时候，这头老驴并没有放弃生的希望，而是积极地思考问题，就在那一刻，老驴突然想到一个好办法：它心想：这样慢慢死去，还不如把这些土作为自己爬出井的垫脚，一步一步爬上去！想到这儿，老驴就用力拼命抖掉背上的沙土，然后踏着越来越厚的土堆，慢慢地往上爬。嘴里还自言自语，不断鼓励自己：

"抖下去，爬上来。抖下去，爬上来！"

老驴不怕沙土打在背上有多痛，也无论形势看起来多么绝望，老驴不让自己惊慌失措，很镇定坚持不懈地努力往上爬着。终于，老驴伤痕累累、精疲力竭的爬到了井口，安全地回到了地面。

这个故事给我们深刻的启示，只要能够用积极的心态来面对困难，在困难之中寻找希望，那么困难将会给我们带来意想不到的收获。从另一个角度上说，对于一位做事有主动性，有积极态度的人来说，在他们的眼里有多少困难就有多大希望，他们会想尽办法在困难之中寻找希望。

要想成功，就要把困难看作是希望，告诉自己困难是对自己的挑战，困难是对自己能力的超越。只有拥有了这样积极的心态来面对困难险境，才会发现一片广阔的新天地，这就是困难带给自己的新境界新领域。

古往今来所有的成功人士，都是从困难中走过来的，困难的存在是永恒的，逃避困难，就等于拒绝接受成功。困难锻炼人，困难考验人，困难造就强人，解决困难，能锻炼我们的能力。我们应该感谢困难，越是困难的事情竞争者越少，机会和效益也越大，越是困难的事情我们就要更加努力去做好，一个人如果能把有难度的事情做成功，才能得到更多人的欣赏、承认和尊重，每部名人传记，都是面对困难并战胜困难的人生经历。那些名人无不在说明困难就是努力奋斗困难战胜，的动力，从而得到更好的希望。

青少年在困境面前要学会摆正自己的心态，化困境于力量，让力量去带动自己的梦想寻找希望，那样，自己的生活就会因此而绚丽多彩了。

放飞你的梦想，迎着困境知难而上，把困境当做人生路上脚旁的一朵小花，遇到了小花，就要学会去用积极的心态去采摘，那么小花有可能就变成了希望。抓住希望，抓住人生的重要的转折点。

11. 在风雨中历练自己

歌德曾经说过这么一段话："我一生基本上只是辛苦工作，我可以说，我活了七十五岁，没有哪一个月过的是真正舒服的生活，就好像推一块石头上山，石头不停地滚下来又推上去。"罗曼罗兰也说："天才免不了有障碍，因为障碍会创造天才。"记得巴尔扎克说过："苦难是人生的老师。"这是一个普遍的现象：即便是成功者和大人物，他们在事业的开头也往往是以挫折和失败为开场白的，而且即便日后获得了成功之后，还经常会碰到挫折，这一点与一般人对功成名就的成功者的理解并不相同。

逆境出人才

大剧作家兼哲学家萧伯纳曾经写道："成功是经过许多次的大错之后才得到的。"在通常情况中，经历过无数次的痛苦失败才能得到伟大的成功。成功出于从错误中学习，因为只要能从失败中学得经验，便永不会重蹈覆辙。所以，失败就如冒险和胜利一般，它也是生命中必然具备的一部分。

当我们遇到挫折时，必须记住：每一次失败都是供我们再踏上更高一层的阶梯。当然，在这途中，我们难免会感到灰心与疲惫，但我们要知道，就像世界重量级冠军詹姆士·柯比常说的："你要再战一回合才能得胜。"每一个人的内在都有无限的潜能，但除非你知道它在哪里，并坚持用它，否则毫无价值。所以，在遇到困难时，你要再战一回合。

我们都知道音乐家贝多芬，他的事例就能很好地说明：逆境出人才。贝多芬的一生充满了痛苦：父亲的酗酒和母亲的早逝，使他从小失去了童年的幸福。当别人家的孩子还在无忧无虑地享受欢乐和爱抚的时候，他却必须得像大人一样承担起整个家庭的重任，并且成功地维持了这个差点陷入破灭的家庭。这是命运赐予他的第一个磨难，但这磨难并没有击垮他。

后来，由于家庭的缘故，他青年时期就失意孤独，而当他在步入创造力鼎盛的中年时，他又患耳疾，双耳失聪。对于一个音乐家来说，还有比突然耳聋的打击更沉重的吗？贝多芬一生中几次濒于崩溃的境地，他在三十二岁时就写下了的遗嘱。但后来，他还是顽强地战胜了命运的打击。他曾经大声呼喊："我要扼住命运的咽喉，它决不能把我完全推倒。"即便是在困难重重最痛苦的时候，他还是凭着自己的坚强斗志完成了清明恬静但又激昂奋斗的《第二交响曲》。他一生经历无数次地挫折与磨难，但是，每一次痛苦和哀伤都被他转化为欢乐的音符与壮丽的乐章。他的一生就是一部交响乐。故而，他后来被人们称为"交响乐之王"。

其实，在生活中，每个人都不可避免地遇到一些挫折与困难，对此，作为青少年决不能低头，而应以一种积极的心态，理智、客观地分析挫折产生的原因，并采取恰当的方法来克服挫折。应感谢挫折，生活因此而丰富，人生的体验因此而深刻，生命也因此而更趋完美。不经历风雨怎么见彩虹。其实没有人能够随随便便成功，只要我们以积极健康的心态去面对困难和挫折，就可以做到"不在失败中倒下，而在挫折中奋起"。在很多时候，挫折也是人生旅途上的一块巨石，利用它，你可用砥砺精神的刀锋，开掘生命的金矿，从自信、乐观、勇敢、诚实、坚韧之中找到人生的方向。

越挫越勇，找到生命支点

古人云：天将降大任于斯人也，必先苦其心志。这个世界，确实存在太多问题，也许有太多不如意，但是生活还是要继续。无论面临什么样的挫折，都可以看作是上帝给予的恩赐，目的是要锻炼自己。

美国伟大的演说家爱默生曾说过："每种挫折或不利的突变，是带着同样或较大的有利的种子，"古希腊的伟大的哲学家毕达哥拉斯也曾说过："短时期的挫折比短时间的成功好。"而生活中这样的人还有很多："当代保尔"张海迪已与病魔抗争了四十五个春秋，带给人们宝贵的精神财富和热情洋溢的笑容。在艰辛和病痛面前，他们选择了独立和坚强，选择了责任和担当。在他们看来，只要脊梁不弯，就没有扛不起的重担；只要精神不垮，就没有解不开的难题。

大家都知道 2005 年度感动中国十大人物之一的洪战辉。几年前，他的家庭遭受了重大变故：父亲突发间歇性精神病，饱受伤痛的母亲不辞而别，家中还有一个年幼的弟弟和父亲，病后捡到的遗弃女婴需要照顾……这个家庭的重担压在当时只有 12 岁的长子——洪战辉身上。十年如一日，洪战辉一边读书一边克服难以想象的困难，照看时常发病的父亲，抚养捡到的妹妹……

父亲，妹妹，生活的重担压在他稚嫩的肩膀上，惟一能做的只是坚持，再坚持！在日记中，他这样写到："我会坚持，我觉得每个人都有责任，不但对自己、对家庭，还有对社会。只是默默地走，不愿放弃。"一份责任让他支撑住，一种永不言弃的心态，让他逐渐成熟，几度面临辍学，他没有放弃，而是凭着自己的一双手，艰难的维持着妹妹的生活、父亲的疾病，自己的学业，这看似没有可能的事情被他在汗与血与泪中见证着。在生活中他承受了常人难以承受的痛苦，受住了常人难以想象的重担。

如此艰难的生活让他学会了自立、自强，以至于在人们向他伸出援助之手时，他选择了拒绝，"不接受捐款，是因为我觉得一个人自立、自强才是最重要的！苦难和痛苦的经历并不是我接受一切捐助的资本。一个人通过自己的奋斗改变自己劣势的现状才是最重要的。"

"自古雄才多磨难"，面对挫折，中学生应当拿出勇气和耐心，并对自己说："风雨中这点痛算什么，"主动出击，迎接挑战，直面挫折，笑对挫折，把挫折当作前进中的踏脚石。然后拥抱胜利。因为挫折是福，注定在我们的岁月中搏击风浪、经历考验奠定更加坚固的基础，谱写出美好的人生之歌。

12. 逆风才能快速成长

只有流过血的手指，才能奏出世界间的绝响；只有经过地狱得磨练，才能造就创造天空的力量。"烈火试真金，逆境试强者"，"那些能将我杀死的事物，会使我变得更有力"人生是一幅美丽的画卷，磨难是画卷中不可缺少的曲线；人生是一首奇丽的小诗，坎坷是诗中引人入胜的转折；人生是一曲华美的乐章，坎坷是乐曲中不可思议的起落。坎坷铸就了生命的美丽，拼出了人生的完整。

逆境可以给人奋斗的动力

休谟说："顺境使我们的精力闲散无用，使我们感觉不到自己的力量，但是障碍却唤醒这种力量而加以运用。"世上没有一个人的人生是一路顺风的，它总是充满挫折、坎坷，而坎坷总是高高低低，起伏不定的。世上一帆风顺的事是非常少的，否则"文学家""科学家"的美名岂不轻易落到每个人的头上？

　　越王勾践在失败之后，卧薪尝胆，励精图治，终于打败了吴国；英国将领威灵顿接连被拿破仑打败六次，他毫不气馁，终于在滑铁卢战役中一洗前耻；伟大的发明家爱迪生，一生的失败更是不计其数。他曾为一项发明经历8000次失败的实验，却并不认为这是个浪费精力、时间，而这8000次失败使他明白这8000个实验是行不通的。

　　失败固然会给人带来痛苦，但也能使人有所收获；它既向我们指出学习中的缺点错误，又启发我们逐步走向成功。失败既是对成功的否定，也是成功的基础，正所谓"失败是成功之母"。

　　对于那些从逆境中走出来而最终走向成功的人来说：逆境即是赐予；而障碍，就是一个新的已知条件，只要愿意，任何一个障碍，都会成为一个超越自我的契机。在逆境中能激励人的意志，点燃你强烈进取向上的理想火花，增强你战胜困苦走出逆境的勇气；逆境是培养人才的沃土，是走向成功的阶梯，经过逆境的人才会品尝成功的甘美，才会加倍珍惜成功的现在。因此我们要学会在逆境中学习成功之道。

　　大凡成功者的一生不可能是一帆风顺，风平浪静的。在成功者们的背后是难以煎熬的磨难和数不清的坎坷。多少位大学者哪个不是苦尽甘来，从艰难中走出一条光明的大道。世界上没有随随便便能成功的，侥幸得来的成功，只是昙花一现。成功是泪水和汗水浇灌的鲜花，成功是坎坷和曲折造就的奇迹。

　　司马迁也是饱受了巨大的精神磨难后才发愤完成了"究天人之际，通古今之变，成中家之言"的巨著——《史记》。逆境中有时正是隐含有更大的成功因素，只要你用自己的毅力和精神去应对它，那么，没有什么永远的困难。不怕逆境，就会把不利的因素转化成为成功的种子。有时候，经历逆境，也是成大业的一种很有效果的资本。

毛泽东说过：失败是成功之母。任何成功的人在达到成功前，没有不遭过失败的，失败和痛苦是上帝和每一种生物的沟通，没有失败就没有经验。逆境能够磨练出一个人心志和能力来，因此，在逆境中人都应该有这种想法，我正在遭受着困苦，但这不是完全的坏事，因为老天可能要把重任交给你，故意给你的磨难。有了这样的想法后，你就会从容地面对各种逆境，才能将逆境看成使自己快速成长的条件。

逆境可以给人奋斗的动力

有人经常说，"我为什么没有他人有本事呢?"其实在生活中，本事就是你的强项，就是从你所经历的困境总结出来的经验。无数的事实给了我们充分的证明，困难和逆境中一定会隐藏着巨大的成功因素，只是需要你去用自己的毅力和真实的行动去征服它，改变自己的处境。把不利的因素就能转化为成功的种子。

洪占辉曾说过："漫漫人生路总会与挫折碰面，但我明白，鱼儿要游弋于大海，接受惊涛骇浪的洗礼，才会有鱼跃龙门的美丽传说；雄鹰要翱翔于蓝天，接受风刀雪剑的磨砺，才能拥有叱咤风云的豪迈。"他是这么说的，也是这么做的，虽然在最最困难的时候想过退缩，但最终还是决定了要自强不息，用自己的力量来证明自己的价值。因为他明白只有经过地狱的炼造，才能造出天堂的美好。只有流血的手指，才能弹出世间的绝唱。所以说挫折是上帝的恩赐。

挫折是青少年生活中的必经之路。所以，在面对逆境时，当代青少年不应该自嗟自伤、自暴自弃，应该像导师教导我们一样，学会对自己说，没有什么大不了的，坚持奋斗，生活总会好起来的。如果广大青年朋友们都能做到，自重自尊，战胜困难，永不言弃，相信即使是空想也终将成为现实。

　　人生不如意者十之八九，我们面对坎坷，不能知难而退，而要勇往直前，要有"岂能尽如人意，但求无愧于心"的信念。要知道：茶入口时虽苦，可喝到最后却是不尽的清香；蝴蝶羽化前受尽唾弃，可破茧而出后却被无数人称颂；紫罗兰开花前与野草无异，可只要开放，就会把周围的空气染成淡淡的紫色。其实，人生也是这样，我们要相信，没有永恒的不幸遮蔽天空。

　　逆境与顺境，从来就是人生之旅中的常客，谁也不可能一帆风顺的走到生命的尽头。没有经历苦难的考验，人永远品味不出幸福生活的意义；只有经过挫折的锤炼，人才会珍惜得到的收获。害怕失败，失败就会无处不在；挑战逆境，成功之门就会随时为你打开。

所以勇敢者才能在不断的失败中获得经验，挑战者才能最终走出阴影和黑暗，拥抱光明的未来。

　　行船于海上，势必要面对风浪；求知于路上，势必要面对失败；生存于世上，势必要面对坎坷。遇到风浪，害怕没有用，只有冲过去才能从目的地到达平静的海面；遇到失败，放弃没有用，只有重整旗鼓，才能获得最后的成功；遇到坎坷，逃避没有用，只有积极对待，才能赢得胜利。

13. 在困境中寻找突破口

　　在漫长的人生旅途中，谁都有陷入困境的时候。有的学生从困境中走了出来，找到了光明的未来；有的学生陷入困境，自暴自弃，无法自拔。

　　人的一生会面对许多的挫折，需要不断地战胜自己，不断地克服困难，才能度过艰难的时期。然而，面对困惑，面对迷茫，有的人成功了，有的人失败了。

其实，成功的人只是在困境中找到了突破口，才得以冲出困境的。

面对困境，要有信心

一个人的心境和态度，往往会决定其一生的命运。因此，保持一颗良好的心态就显得尤为重要。只要有自信，再艰难的环境也挡不住一个人前进的步伐。面对失败，也只有那些抱有必胜信念的人才能取得成功。

一个人无论做什么事，都要有信心。有了信心，也就等于成功了一半；有了信心，才有前进的勇气与力量，从而能克服重重困难，战胜失败与挫折，最终到达成功的彼岸。梁启超说过："凡任天下大事者，不可无自信心，每处一事，既看得透彻，自信得过，则以一往无前之勇气赴之，以百折不挠之耐力持之。虽千山万岳，一时崩溃而不以为意。虽怒涛惊澜，蓦然号于脚下，而不改其容。"一个人没有信心，就什么也做不成，信心的力量是巨大的。一个有自信的人，遇到问题后，才能冷静地面对，理智地思考，对形势进行多方面的剖析，找到解决问题的突破口。

一个成功的人并不是生下来就很聪明，很能干，而是在困境中仍对未来抱有希望，对自己不失信心，不断努力，不断奋斗的结果。大发明家牛顿在上小学的时候，老师总是认为他很笨，他的同学也总是嘲笑他。但他却对自己非常有信心，他不相信自己比别人差，下决心一定要比别人做得更好。于是他发奋努力，最后终于取得了成功，发明了万有引力等，为科学做出了巨大的贡献！

当我们遇到困难的时候，应该学会剖析困难，学会寻找突破口，而不应该瞻前顾后，更不要一蹶不振。卧薪尝胆，赵括能养精蓄锐，暗藏杀机，最终反败为胜；福尔摩斯笑面疑案，运用新颖的逆向推理法破解了数百件疑难案件，赢来了前无来者后无继者，数世人的崇仰。可见，困难在他们心中，并不能站住脚，就好像一个瓶子，哪怕它再坚硬、再密封，也会有瓶口；矛再利，盾再坚，也有被攻破的时候。因而只要我们固守自信，寻着了突破口，也就向成功迈近了一步。

人生如戏，有低潮也有高潮，生活也有酸甜苦辣，做任何事情都不是一帆风顺的。只有在青春的道路上，学会安抚自己，学会自强，学会在困境中突围，才会有"芝麻开花节节高"的前程。

思路决定出路

每一个青少年都会在青春之路上，遇到种种困难与挫折。不管是在学习上，还是在生活上，关键要看我们如何去面对，怎么去克服。要获得成功，就要学会勇敢地面对，就要在困难当中找方法，找出路。有思路，才会有出路；有思路，才会取得更大的发展。

（1）相信困难是暂时的。生活上一时陷入苦恼，感情困惑，事业起步举步维艰。虽然这些都是事实，但是这并不代表你未来的人生。你要相信，这是暂时的。而不要只停留在困境当中，你要看到突破困境之后的人生，那才是你今后要追求的人生。

当我们用智慧和勇气战胜了困难，我们就向人生的理想跨近了一步。所以生活我们不应该过分强调压力和困惑，而要把眼光放开，看到未来，看到天下，希望总在我们心里，未来就在我们脚下！

（2）改变思路，改变人生。思路决定出路。青少年朋友应明白，无法改环境，却可以改变思路。有的青少年，平平庸庸，安于现状；有的青少年，为自己闯出了一片天空，出人头地。一个人的家庭背景绝不是决定因素，起决定作用的永远只有自己本身。这个时候青少年只有把自己的思维扩大，才不至于只拘泥于眼前困境中，而忽略了许多成功人士，都是在挫折与失败中成长起来的。

青少年朋友们，请放开自己的气魄，自我激励，不要局限自己的思维，开发自己的潜力，寻找一条通向成功的大道。

永远不要把眼光只停留在自己的身上，不要只看到自己的利益，这样的狭小的胸怀，注定你就是普通人，永远无法超越自己，走向自己理想的世界。

（3）调整心态，规划人生。当我们遇到困难，处于人生低谷时，要及时调整好心态，相信成功不是不可能的，有思路才有出路。

我们在学习中，总会有碰壁的时候，遇到难题，你有没有清晰的思路？面对多而乱的课题、难题，而你的事情又很多，你会如何对待？大多数的青少年会全身心地投入，有条不紊、高效率、高质量地完成任务，但也有极少数青少年整天发牢骚，埋怨事情多了，思维乱了，没头绪做事，时间久了，就产生厌倦情绪。其实，只要你调整好心态，整理出思路，就可以轻松而愉快地完成学习任务。

人生路上，当青少年向着正确的方向去努力，那么通过不懈地奋斗，年少时的理想就一定能够实现。遇到各种各样的烦心事，甚至希望渺茫的时候，请想一想，这个世界上还有很多需要我们帮助的人。

想到这些，青少年应该心生欣慰，也许在众多需要帮助的人中，自己是最幸运的那个。那么还有什么困难不能克服呢？

不论什么时候，青少年都要怀抱一颗感恩的心，去感激帮助过自己的人，帮助需要帮助的人，帮助别人，永远是在帮助自己！

14. 学会时刻分析自己

歌德曾经说过："一个目光敏锐，见识深刻的人，倘又能承认自己有局限性，那他离完人就不远了。"如果一个人不认识自己的缺点，很容易因自负而失败；优点可能会受到缺点的影响；只看优点，不看缺点，就会导致自己根本听不进别人的一点点的意见和批评；过分地骄傲；只退不进，甚至失去了最宝贵的尊严……

在现实生活中，每个人都有自己的长处和不足，甚至有别人所不具备的优势。这些在青少年中尤为常见，以上的任意一种心理都能在他们中间找到。所以，青少年朋友们要想克服这些心理上的障碍，必须要正确认识自己、评价自己。

在自省中认清自己

很久以前，有个妇人，遇事不管是事大事小都爱发脾气。和邻居、朋友的关系都搞得很僵。她非常恼火，想改吧，一时又改不了，于是整日闷闷不乐。然而，越是这样她越是生气！朋友知道后，就说南山庙里的老和尚是个得道高僧，他也许可以帮你解决这个问题！

为了能早日改了这个坏毛病，妇人去找那个和尚。大师听了她的苦闷后，就把她带到了一个柴房的门口，说："施主，请进！"妇人很奇怪，但她还是硬着头皮走进了柴房。这时和尚趁机便把门给锁了，转身就走。妇人一看，怒气就不打自来了："你这个死和尚，干吗把我关在里面啊？"、"快放我出去……"和尚笑道："我现在放你出去的话，等会你就骂我是秃驴了！你还是在里面呆着吧！"

过了一个时辰，女人总算是安静下来了，于是和尚问她还在生气吗？妇人回答说："我生我自己的气，我为什么听信别人的话来这受罪呢？""连自己都不能原谅的人怎么能够原谅别人呢？"高僧拂袖而去。

一个时辰又过去了，妇人说："不气了，气也没有办法。""你的气还没有消逝，还压在心里，爆发以后仍会很剧烈。"高僧说完又离开了。

第三个时辰也过去了，妇人觉得生气不值得。高僧笑着说。"还知道什么叫不值得呀，看来心中还有衡量，还是有气根的。"

终于，大师第四次来看时，妇人抬起头说："大师，真是奇怪啊，我现在反而并不生气了，有什么好气的呢？我想明白了：气不就是自己找罪受吗？"高僧把手中的茶水倾洒在了地上。妇人看了很久才顿悟。

就在这几个时辰当中这位妇人认真地想了一遍，彻底的分析了自己，这时她才恍然大悟。在世界上所生存的每一个人都有七情六欲，只要有感情，就会有怒气。但是，凡事都要有一个度，要有因有果。

所以，中学生朋友们，无论你遇到怎样的困难与挫折，都不要埋怨造物不公，世道不平，与其抱怨他人的不是，不如及时分析自己。其实，很多时候，困难与挫折不是由自身的原因所造成的。所以，应学会从中找原因，及时分析自己的所作所为是否正确。人总是在自我反省中认清自己。并且决定自己以后避免发生这种不该发生的事。只要你相信自己，一定会做到的。

正确认识自己使你脱颖而出

在《伊索寓言》里有这样一则故事：当年普罗米修斯在造人时，让每一个人的身上都挂两只口袋，每个人都把装着别人的缺点的口袋挂在了胸前；而那只装着自己的缺点口袋则放在了身后。结果可想而知，只要人稍微低一下头就能看见别人的缺点，而对自己的缺点却视而不见，因为他很难看到。有位名人曾说："人本身就是带着缺点降临到这个世界上的，人生的过程就是在不断改掉缺点、完善自己的过程。因此，敢于挖掘和暴露自己的缺点是非常有必要的。"

经过几天的努力，李泽终于在人才市场找到了一份自认为还不错的工作，并和用人单位约定了面试的时间。面试开始时，李泽排在30个面试人员的第29位，而名额只有一个。当时的李泽默默地等着，眼看一个又一个满面春光地从老总的办公室走出来，羡慕的不得了。终于轮到李泽了，高兴的无以言语。"你好"老总首先打开了沉默、无比压抑的场面，于是李泽连忙说"谢谢"，问话就这样开始了。"你知道你应聘的是什么职位吗？"李泽微笑道："销售部经理。"紧接着老总又问道："'你对一瓶白开水当一瓶高档次饮料卖'这句话有什么不同意见吗？这些问题对做过销售的李泽简直是轻轻点水，李泽虽然回答的很全面、详细，但仍没有看到老总对自己的赞赏。突然，老总问了一个书话题："你的缺点是什么？"对于李泽来说，确实有点玄乎，老总怎么会问这么一个问题呢？他该说什么好呢？这时他便想：唉，反正是没有什么希望了，想到什么就说什么吧。便脱口而出："我很清高，不会吹牛拍马，常常目无领导，爱发牢骚，做人过于死板，常与世绝迹，显得很是格格不入……但是有一点，这些缺点都是别人告诉我的。到如今，除了不爱做家务外，我不太明白还有什么更大的缺点。说句真话，有的时候连我也说不清楚。"听完李泽的一番话后，老总露出了笑脸，频频点头："其实，一个人要想找他人的缺点很容易，但是找自己的缺点却不是那么容易。有的时候别人认为是缺点的往往是你身上最大的优点，而有时候自己认为是优点往往是最大的缺点，仁者见仁，智者见智。李先生，你很实在，也很坦诚，我们公司就要需要像你这样的优秀人才呀，欢迎你加入我们公司。"李泽怎么也想不到，他竟然成了30位面试中惟一的幸运儿，他被聘用了。

无数事实告诉了我们，要想发现自己的缺点，就必须进行深刻地自我剖析，只有这样你才能在同等阶层中脱颖而出。尤其是当代中学生朋友们，因为此时的你们正处于心理完善、处事待物最重要的阶段。做到正确地自我剖析，不止是简单地找出优点、缺点，更重要的是要把自我剖析的"手术刀"滑向心灵的深处，对心灵进行一次大规模地追问：我的缺点是什么？它跑到哪里去了？明天的我将如何去努力改正这些不足？

中学生作为 21 世纪新生的太阳，更要了解自己的性格优势与不足。要学会扬长避短，以此来增加自己的自信心。正确认识自己，就要以全面的、发展的眼光来看待自己，只有这样，才能完成自己的目标，自己的事业……

青少年朋友们，你认识自己吗？当你听到这个问题时是不是感到很吃惊？不禁反问，谁能不认识自己呢？答案是肯定的，你相信吗？确实有人不认识自己，一个人不光要认识自己的外表，还应该认识自己的心理（能力、个性、兴趣等等）。这才是真正能让你自己健康成长的前提，假如一个人连自己的能力、水平都不能做到了如指掌，那又何谈奋发向上，实现自己伟大的理想呢？

随着年龄的增长，青少年与社会的交往越来越广泛，其独立意识的也日益强烈。社会交往、发展亲密的伙伴关系是青少年一种精神需要，在交往中一方面可相互学习、帮助，会增长知识；另一方面能使青少年学会为人处世的道理。因此青少年的感情非常浓厚，自己是否被别人喜欢，是否被朋友接纳，对他而言非常重要。对于同学或朋友的言语接纳很敏感，但也容易产生嫉妒或争夺别人关心的现象。有时，受到群体朋友的压力，唯恐被大家排斥或讨厌，是青少年走出人际挫折的重中之重。

15. 信心在自我激励中成长

自我激励在人生成功中具有举足轻重的地位。你应该在心里反复对自己说："这个世界是属于我的！"

因为我们当中有许多人缺乏"自知之明"，他们不大知道自己具有巨大的潜能，当然也就不知道怎样开发自己的能动性和创造力的

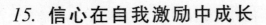

巨大宝藏。而自我激励正是激活潜能发挥的激活器。

本来，他们对于自己的未来都曾有过美好的憧憬，但是，随着年龄的增长和阅历的复杂，他们又常常用那些传统世俗的道理来说服自己安分守己，放弃梦想，并说明自己就这样也能过得去。在这些说服自己放弃梦想的"道理"中，有一条似乎很有说服力，自己太普通，太渺小，这个世界不属于自己！那么属于谁呢？在他们看来，这个世界属于名人、强人、富人；属于有权力、有地位、有背景的人；属于幸运的人、漂亮的人、特殊的人。对于女人来说，属于男人；对于中老年人来说，属于年轻人；对于年轻人来说，属于有资历、有经验的人；对于出自贫寒、上学不多的人来说，属于出身尊贵、学历很高的人……总之，这个世界属于名人和别人，而不属于自己这样平凡的人。而他们这些平凡的人还没有行动起来，心中的希望、原有的梦想便惨遭沉重打击，默默地消失了。于是，他们经常感到自卑、渺小、孤单、苦恼，他们只有低眉顺眼，沉默寡言，躲避出头露面，暗自唉声叹气……难道普通人就没有出路吗？就只能安于现状吗？就不能出人头地吗？难道这个世界果真属于那些名人、强者和富人，而不属于普通人吗？不！事情不是这样的！他们的这些卑微之感，并非真实自然，而仅仅在于他们还没有觉醒，还缺乏"自知之明"。因为觉醒的内涵，自知的精髓就在于他们可以主宰自己的命运，在于发现自己本来是一块成功料，这个世界本来也属于他们。他们只要抹去身上的灰尘，他们的巨大潜能就会像原子反应堆里的原子那样充分发挥出来，就一定会有所作为，创造奇迹！

那么，能够帮助你改变你的公式是什么呢？要记住、理解、时常重复着说：人的心理所能设想和相信的东西，人就能用积极的心态去取得它。这是自我暗示的一种形式，是取得成功的一句自我激励语。

威廉·丹福斯是美国密苏里州东南地区某农场的一个有病的孩子。他在小学里遇到一位优秀的老师，这位老师鼓励小威廉·丹福斯去改变他的世界。老师用挑战的方式鼓励他："我鼓励你！""我鼓励你成为学校中最健康的孩子！""我鼓励你"成了威廉·丹福斯一生自我激励的语句。

他果真就成了学校中最健康的孩子。他在85岁逝世之前，帮助了数以千计的青年获得良好的健康，他还帮助他们立志高尚，做事刚勇，服务谦逊。在他漫长的事业中，他绝未因病而损失一天。

"我鼓励你！"激励着他建立了美国最大的公司之一：若尔斯通·陪里拉公司；"我鼓励你！"激励他从事创造性的思考，把负债转化为资产；"我鼓励你！"激励着他组织美国青年基金会——它的目的是训练男女青年独立生活的能力。

"我鼓励你！"激励着威廉·丹福斯写了一本书，名叫《我鼓励你！》今天这本书正在激励着男子和妇女们勇敢地把这个世界改造为更好的住所。

威廉·丹福斯作了多么好的一个证明啊！一句自我激励语有力量帮助人们发挥积极的心态！

纽约股业贸易银行的总经理弗雷借着愤怒的激励，而建立了一家大规模的银行。从前他想在长岛设立一个昆士郡银行，原本自以为进行得很好，但是有一次一家大银行的经理来见他时，讲了一句轻蔑的话，于是他的态度作了很大的转变。

这个经理很自大，临走的时候，随意对弗雷说了一句这样的话："如果你活得长久，或许可以在这里办一家银行出来。"

"这句话真气得我不知如何是好。"弗雷说道："如果你活得久，意思好像是我呆坐着等年代过去，等待着事业从天而降似的。这种讥笑，使我听闻之后不得不起而奋发图强。我那时候决意要打倒他，最后，我真的就办到了。过了 4 年后，我银行的存款，有他的两倍多！"

你自己曾经奈不住责备世界应对你的失败负责吗？如果是这样，你就该暂停这种想法，再行考虑一下。你要想你的问题该由世界负责呢，还是该由你自己负责？要敢于记住那句自我激励语。要敢于应用它，并充分确信它对你正像对数以千计的其他人一样是有效的。

16. 塑造自信自强的个性

成功学大师奥里森·马尔博士说："心理贫血、精神缺钙的人是心理误区的奴仆，不但事业不会成功，在生活中也是一个糊涂虫。"

在我们周围经常听到父母和教师这样教诲孩子：

"要听话，做个乖孩子。"

这样的教诲并没有错，但是，传统观念和世俗偏见总是反复告诫孩子：你在芸芸众生中是渺小的，是微不足道的，你一定要听大人的话，千万不要有出格的行为，千万不要自以为是。于是，许多小孩，甚至成年人也往往觉得自己渺小，无法冒险，也不敢冒险，一切听从别人的摆布。

但是，人是万物之灵，每个人都与别人不相同，每个人都有不同的梦想、感受和经历。因此，只有努力保持积极向上的心态，有创新精神的人，才有可能脱颖而出。如果一个人过分地注重别人的评价，陷入怕别人责怪、被人误解的心理怪圈，过分地与他人保持一致，没有创新，陷入虽然无功但也无过的泥淖中，那么，这个人必定是碌碌无为的人，失去自我的人。

失去自我，就是个性扭曲、自我意识弱化，就是患了心理贫血

114

症、精神缺钙，只能做心理误区的奴隶和囚犯。所以说，这种人不仅在事业上不会成功，而且在生活上也是糊涂的。

说到个性，有必要对个性作一番解释。所谓个性就是个人的性格特征，性格就是一个人稳定的生活态度和行为特征。

个人的性格是各种各样、千差万别的。有人任性、娇嗔、傲气、泼辣；有人开朗、热情、外露、活泼；有人深沉、内在、多思、孤僻；有人自信、大胆、雷厉风行，而耐心细致却不足；有人慢条斯理、耐心细致，而又缺乏自信，优柔寡断……如此等等，这只是极为粗略的区分，实际上个性的差异极为复杂。每一个人对现实的稳定的态度具有特定的体系，其行为表现的方式也有其一定特征。这种稳固、定型化的各种特征所组成的有机统一体就是个性。

个性是非常复杂的心理构成物，是由长期的心理态度所决定的。从实质上讲，个性就是一个人的心态表现，但它是长期的经常性的较为定型和习惯了的心理态度的表现。所以说心态决定命运，也就是性格决定命运。

我们搞清了什么是个性，更加明白了个性与心态是紧密相关、相辅相成的。既然心态决定论也就意味着性格决定论，何必还要再强调个性的重要呢？因为人的个性最突出的就是其个别性，就是人的心理特征的独特的结合。包括现实生活态度、自由选择、意志、气质、心理过程进行的特点，主导的情感和活动动机的总和以及所形成的能力。因而，我们不能只把个性看成是教育与环境影响的消极产物，而应当把个性看成积极的活动力。一个人掌握社会经验并调整自己行为的过程是通过他的内部世界实现的。个性的积极作用表现在以改造周围现实和自我实现为目的的多种活动中。由此可见，几乎在人的一切认识和实践活动中，个性都要积极活动并发挥作用。因而发展积极心态，树立成功心理也就意味着重视和强化自己的个性。只有个性鲜明的人才会对现实生活掌握主动权，才能改变社会为自己编制的程序，并为自己编制新的程序。

有些人由于没有好的个性，铸成了大错。

战国时代，赵国著名的将领赵奢之子赵括，长期以将门虎子自居，认为自己熟读兵书，对战争的战略、战术了如指掌。在朝廷议论兵事时，他能够把兵书上的计谋一一道出，而且往往能把论辩的反方唬住。于是，赵括折服了赵国的许多大臣。赵括也以此为荣，认为自己是个将才。但是，知子莫过母，赵括的母亲却认为儿子有好虚荣的性格，只能纸上谈兵。果然，赵括在与秦国白起率领的秦军作战时，他的40万大军全部被俘，并且遭受了活埋的厄运。

三国时期，马谡守街亭也因死套兵书上的东西，被曹军击溃，惨遭失败，诸葛亮只得按照军令挥泪斩了马谡。失街亭而被斩，马谡的悲惨下场囿于他的性格。他也是以精通兵书自居，由于不会创造性地发展军事战略、战术，盲目地遵照兵书部署兵力，遭致了失败。

马谡和赵括皆因不良的性格遭致了失败，因此，有个性的人不一定成功，而有良好个性的人才能成功，换句话说，成功的人必定有着良好的个性。

许多人都知道爱因斯坦发明过相对论，爱因斯坦之所以成为世界最伟大的科学家，成功的秘诀之一便是他有良好的个性。爱思考，是他的最主要的个性。由于专注的思考，爱因斯坦往往忘却穿着打扮和吃饭。他曾说过："一个人要善于思考，才能为社会创造新价值，不仅如此，甚至还能建立起那些为公共生活所遵守的道德标准。要是没有能独立思考和独立判断的有创造能力的人，社会的向上发展就不可想象，人的个性的发展也是不可想象的。"

他还说过："任何一种伟大高尚的事物，无论是艺术品还是科学成就，都来源于独立的个性。只有在文艺复兴使个人有可能不受束缚地发展自己的时候，欧洲文化才在打破令人窒息的停滞状况方面取得了最重要的突破。"

我们还是用爱因斯坦的一句话作为本小节的结束语吧：

"在人生的丰富多彩的表演中，我觉得真正可贵的，不是政治上的国家，而是有创造性的、有感情的个人，是人格；只有个人才能创造出高尚的和卓越的东西。"

17. 走出"顾影自怜"的怪圈

青少年正处在生理、心理急剧变化的时期，自尊心随着身心的逐渐成熟而增强，开始了与社会的交往，希望得到别人的尊重和认可。但"金无足赤，人无完人"，青少年在成长过程中，常常会存在这样或那样的不足，因此缺乏自信，害怕得不到别人理解和重视，害怕被同伴疏远，对任何事物都有下意识的敏感反应，而且体验深刻。

有心理敏感的青少年性格很孤独，害怕交往，只能顾影自怜或者怨天尤人。让自己处于自我封闭的状态，常处理不好与他人之间的关系，失去自我，失去生活信心。这种不良的情绪很容易让自己陷入"顾影自怜"的怪圈中不能自拔。

人不可能永远处在好情绪之中，生活中既然有挫折、有烦恼，就会有消极的情绪。一个心理成熟的人，不是没有消极情绪的人，而是善于调节和控制自己情绪的人。青少年在成长的过程中，也要慢慢学会调节和控制自己的情绪。

心态决定情绪

人生沉浮靠抉择，乐悲分野两片天。

人生始终有两种选择，换个角度看问题，乐观地对待生活中的一切，你就会走出"顾影自怜"的怪圈。

乐观还你一片心灵的晴空，积极乐观助人步入非凡；从容地接受不可改变的现实，让乐观成为一种习惯，以积极的态度来对付不幸。

一味地怨天尤人或者顾影自怜不是真正的勇士所该有的秉性，真正的勇士从来都是逆流而上无惧无畏。也就是说，现在的青少年面临着一个很好的考验自己的真命题：是做一名绝地反击的勇士还是做一个泪水婆娑的怨妇？

青少年，不要顾影自怜，陷于孤独的怪圈中不能自拔，要靠自己的力量走出孤独。

你还在因为生活的不如意而顾影自怜、怨天尤人吗？面对困苦而又坚定信念的人，我们应当让困难和挫折向我们俯首称臣。青少年要以他们为榜样，学习他面对挫折不放弃的奋斗精神；学习他战胜困难的顽强毅力；学习他乐观向上的人生态度。靠自立，出色地担当起一个普通公民的责任；靠自强，把命运掌握在自己手里。做一个善于驾驭命运的骑士，做一个勇于挑战命运的斗士，做一个无愧于时代，有益于社会的人。

当你再看到有人蹲在路边哭泣，抱怨昨天不幸被一个小石头绊了一个跟头，社会对他不公平。那么你看到的就是一个小傻子在路边顾影自怜，怨天尤人。如果那时你还有一些善良的怜悯之心，顺手招呼他别傻哭，赶紧赶路要紧，那也算我今天没有白拉你这个"小傻瓜"！

任何时候，怀有好心情才能欣赏到美好奇妙的风景，消极的心态只会让快乐和幸福暗淡。

无论在什么样的环境下，拥有积极健康的心态，我们就能正确看待人生的成败、得失，从容淡定去应对各种竞争的压力，善待自己也善待他人。

好心态是改变命运的人生利器；好心态是迈向成功的坚实根基；好心态是收获幸福的心灵法宝；好心态是滋润生命的圣丹妙药。有了好的心态，表现出来的就是好的情绪。

积极行动起来

行走在热闹繁华的街头，寂寞是顾影自怜的凄然；相聚于人声鼎沸的场合，寂寞是独自向隅的默然；独处于无人相伴的空间，寂寞是无所归一的茫然。

有孤独心理的人，常常觉得自己是茫茫大海上的一叶孤舟。他们封闭了自己内心，不愿投入火热的生活中，却又抱怨别人不理解自己，不接纳自己。他们感到好像与世隔离了，除了孤单寂寞还是孤单寂寞。

要想摆脱孤独心理，就要开放自我，真诚、坦率地把自己交给他人。去试着主动亲近别人、关心别人，扩大社交面，融洽人际关系，你会有意想不到的收获。

几十年前，纽约北郊曾住着一位名叫艾米丽的姑娘，她自怨自艾，认定自己的理想永远实现不了。她的理想也就是每一位妙龄姑娘的理想：跟意中人——一位潇洒的白马王子结婚，白头偕老。艾米丽整天梦想着，可周围的姑娘们都先后成家了，她仍未找到她的意中人，她认为自己的梦想永远不可能实现了。

在一个雨天的下午，艾米丽在家人的劝说下去找一位著名的心理学家。握手的时候，她那冰凉的手指让人心颤，还有那凄怨的眼神，如同坟墓中飘出的声音，苍白憔悴的面孔，都在向心理学家说：我是无望的了，你会有什么办法呢？

心理学家沉思良久，然后说道："艾米丽，我想请你帮我一个

119

忙，我真的很需要你的帮忙，可以吗？"

艾米丽将信将疑地点了点头。

"是这样的。我家要在星期二开个晚会，但我妻子一个人忙不过来，想请你来帮我招呼客人。明天一早，你先去买一套新衣服，不过你不要自己挑，你只问店员，按她的主意买。然后去做个发型，同样按理发师的意见办，听好心人的意见是有益的。"

接着，心理学家说："到我家来的客人很多，但互相认识的人不多，你要帮我主动去招呼客人，说是代表我欢迎他们；要注意帮助他们，特别是那些显得孤单的人。我需要你帮助我照料每一个客人，你明白了吗？"

艾米丽一脸不安。心理学家又鼓励她说："没关系，其实很简单。比如说，看谁没咖啡就端一杯，要是太闷热了，开开窗户什么的。"艾米丽终于同意一试。

星期二这天，艾米丽发式得体，衣衫合身，来到了晚会上。按着心理学家的要求，她尽职尽力，只想着帮助别人。她眼神活泼，笑容可掬，完全忘掉了自己的心事，成了晚会上最受欢迎的人。晚会结束后，有三个青年都提出要送她回家。

一个星期又一个星期，三个青年热烈地追求着艾米丽，她最终答应了其中一位的求婚。心理学家作为被邀请的贵宾，参加了他们的婚礼。望着幸福的新娘，人们说心理学家创造了一个奇迹。

老想着自己，顾影自怜，孤芳自赏，结果就是你走不进别人心里，别人也走不进你的世界。只要尝试一下忘掉自己而去帮助别人，一切都会改变。

青少年要尽量缩小与同代伙伴之间的差异。既不自傲清高，也不自卑多虑，从文化教养到兴趣爱好，与身边的人相互沟通、相互学习。培养广泛的兴趣和爱好，把思想感情从孤独的小圈子里脱离出来，投入到广泛高尚的活动中去，尽快的融入群体，随着时间的积累，你就已经远离孤独了。

青少年朋友，你们知道吗？"怪圈"只能让你的人气指数不断下滑。其实像这种现象乃青少年最为常见的心理，但是要想克服也并非易事。因此，青少年在面对挫折时，应持有不放弃的奋斗精神，要有战胜困难的顽强毅力，要以乐观积极的态度，去迎接人生路上的风风雨雨，做个勇敢的人。

18. 为别人撑开雨伞

爱默森曾说："帮助他人的同时也帮助了自己。"生活中，遇到挫折是在所难免的。每个人都会有面临困境，需要别人帮助的时候，因为跌宕起伏的人生不可能事事一帆风顺。没有人富有得可以不需要别人的帮助，也没有人穷得不能在任何方面给他人帮助。换一种角度考虑，其实帮助别人也就是帮助自己。想想那些舍己为人的英雄楷模，想想那些默默无闻的幕后英雄，我们就应该放开胸怀，去尽力帮助那些自己有能力帮助的人，多行一件好事，心中便会更加泰然。

付出其实是收获

在飘雨的天空下，你是否一个人撑着伞默默地走着？如果能为别人撑开雨伞，雨伞下便会拥有许多快乐和温馨。是的，其实在生活中，也许只是一句问候、一份关怀、一个微笑都将给他人和自己的心中带来无限温暖，带来无限希望，使我们的生活充满无限关爱，无限阳光。为别人撑开雨伞吧！你撑起的同时也是一片属于自己的晴朗天空。

又是一个阴雨连绵的午后，下个不停的雨让人情绪低落。一个老妇人走进匹兹堡的一家百货商店，漫无目的地闲逛着。售货员们都看出了她并无意购买，所以看了她一眼后，又都自顾自地忙着整理货架上的商品，生怕被老妇人打扰。

但是，一名年轻的男店员见到老妇人后，并没有回避，而是立刻上前礼貌地和老妇人打招呼，询问老妇人是否有需要他提供服务的地方。老妇人坦率地告诉年轻店员，自己只是进来避雨而已，并没有打算买任何东西。年轻店员听后，微笑着对老妇人说："即便如此，您仍然很受欢迎。"年轻店员陪老妇人聊着天，回答着老妇人的一系列问题。当老妇人要离开的时候，年轻店员将老妇人送到街上，并为老妇人把伞撑开……老妇人向年轻店员要了一张名片就径自走开了。这件事过了很久后一天，当年轻店员已经忘记了这件事时，他突然被公司老板叫到办公室，老板递给了他一封信。信就是那天到商店避雨的老妇人写来的，老妇人要求这家百货商店派这名年轻店员前往苏格兰，代表该公司接下装潢一所豪华住宅的订单。当年轻人接下这项交易金额数目巨大的订单后，才明白，原来这名老妇人竟然是美国钢铁大王卡耐基的母亲。

当年轻店员完成任务重新返回公司后，立刻得到提升。所以，为别人撑开雨伞，撑起的可能就是一片属于自己的碧海蓝天。

帮助他人是一种优秀的品质，当我们帮助他人时，我们自己也会感到高兴，会见到生活中一张张灿烂的笑脸。帮助他人，收获快乐，一直是社会上提倡的美德。当看到有人尊老爱幼，扶贫助残时，当看到有人拾金不昧，热心助人时，每个人的脸上都会绽放出灿烂的笑容。

是的，小到公交车上为老弱病残让座，大到国家之间的人道援助、经济扶持，生活中无处不体现着互相帮助的真实内涵。伸出一只手，也许不能擎起一片天，但只要能遮挡住丝缕阳光，别人就已经得到了一丝阴凉。

助人为乐一直是中华民族的传统美德，也曾涌现出不少令人敬佩的榜样：雷锋、丛飞……数不胜数，他们中有普通的工人，也有朴实的农民。他们都在用自己的行动和力量去帮助需要帮助的人，用自己的爱心去温暖这些人的心灵。社会的繁荣兴旺离不开人与人之间的互相帮助。许多工作也不是一个人就能完成，它需要大家通力合作，互相帮助，互相鼓励，才能圆满成功。当我们帮助了他人，一种愉悦的欣慰便会油然而生。如果世界充满关爱与帮助，那么生活给人的感受就像驰骋在一望无际的原野，令人心旷神怡，酣畅淋漓。

帮助他人体现美丽心灵

当你把最好的给予他人，也会从他人那里获得最好的。你付出的越多，你得到的也越多。你越吝啬，就越一无所有。只有那些乐于帮助他人的人才会得到别人的尊重。有一个大家都很熟悉的小男孩的故事，小男孩出于一时的气愤对母亲喊他很憎恨，然后，也许是害怕受到母亲的惩罚，他冲出家门，对着山谷喊道："我恨你！我恨你！"接着山谷也传来："我恨你！我恨你！"小孩很害怕，跑回家如实告诉了母亲，山谷里有个很可怕的声音说他恨他。母亲把小男孩带回山边，并要他喊："我爱你，我爱你。"小孩照着做了，而这次他却发现，有一个很好听的声音在山谷里对他说："我爱你，我爱你。"

生活就像是一种回音，你送给它什么它就送回给你什么，你播种什么就收获什么，你给予什么就得到什么。只要你付出了，就会有收获。当我们帮助他人的时候，我们付出的是自己对别人关心和爱护，就仿佛给别人的生命之树掬一捧清泉。助人为乐是不竭的动力，我们付出得越多，内心就会越充实，幸福感就越强烈，因为帮助他人是一种美好的品质，展现出我们美好的道德情操。

身处逆境还不忘帮助他人，靖江 14 岁的范鑫荣获省"十佳春蕾女童"荣誉称号。范鑫家住江苏省某市，是该市某小学六（2）班的班长，并是学校少先队副大队长。范鑫 6 岁时，她的母亲不辞而别，从此，懂事的她便跟着父亲和年迈的奶奶一起生活，三口人靠父亲农闲打工和耕种家中的一亩田维持生活，经济拮据，平时做饭都舍不得用液化气。范鑫放学后经常帮奶奶到田间拾树枝和麦秆做柴草。班主任马老师介绍说，范鑫为补贴家用，经常利用休息日，提着垃圾袋拣废弃的塑料瓶和废纸卖钱。但她勤奋刻苦，成绩一直很好，年年被评为优秀学生。

与范鑫同班的小彬家住农村，父母离异后产生厌学情绪。范鑫知道后，便主动找小彬聊天，帮他恢复信心。2007 年的年初，小彬因父亲生病住院生活失去了着落，常常没有午饭吃。范鑫每天中午都将从家里带到学校的饭菜匀出一份，用饭盒装好后送到小彬家，帮助小彬度过了那一段困难时期。有一次，驻江苏某部队的士兵到学校看望 3 名长期结对帮扶的对象，范鑫便是其中之一。慰问士兵刚刚离开，范鑫就将一大袋慰问品分成两份，把其中一份送给了小彬。

每逢开学，学校都要组织向外来民工子女"献爱心"的活动。每次范鑫都捐钱给需要帮助的学生，尽管不多，但都是她从原本很拮据的生活费中省下来的。在江苏省"十佳春蕾女童"表彰大会上，范鑫获得了省妇联奖励的 200 元奖金，在回校后学校组织的赈灾募捐活动中，范鑫将 200 元钱全部捐给了地震灾区的小伙伴们。

"人"字的内涵就是相互支撑，每个人的成长都离不开他人的帮助。正是有了长辈的关爱，我们才得以健康地成长；正是有了老师的启蒙，我们才找到了人生的方向；正是有了同学的帮助，我们才懂得了友情的珍贵。

予人玫瑰，手中留香。每一个当代青少年都应当向范鑫学习，认识到集体的力量，培养团队精神，团结同学，善于合作，与人为善，特别是真诚关心和帮助身边需要帮助的同学，在帮助他人中收获快乐，其实交往的挫折并不可怕，同是还使你的人气指数大大得到提高。

19. 为自己奏响青春自强曲

21 世纪是充满竞争的世纪，敢于冒险、敢于探索、善于竞争、富于创造是 21 世纪对人才规格的基本要求。但一个人的成功不在于他有多大的天赋，也不在于身处多好的环境，而在于他是否有坚定的意志，坚强的决心，在于他是否能脚踏实地，百折不挠，自强不息的一步一个脚印地向着崇高的理想迈进。

自强，亦即自强不息，是中华民族崇高的民族道德精神，语出《易经》"天行健，君子以自强不息。"即要求人要积极进取，永不停息。也就是说人能通过自己的努力向上并奋发进取，对未来的无限憧憬和不懈追求。自古以来，凡是有志气有本领的人，必定是自强不息的人。老一辈常教导我们："少壮不努力，老大徒伤悲"、"老骥伏枥，志在千里"，我们的祖先更是以自强不息的精神历经磨难、艰苦奋斗，创造了伟大的东方文明，屹立于世界民族之林。他们矢志不渝、刻苦勤奋、拼搏向上、自立自强的精神品质都是现代青少年必须拥有的。

自强是战胜困难的法宝

纵观古今中外，那些有成就的革命家、科学家、艺术家、文学家无不有着坚定的必胜的信念，有着艰苦奋斗、顽强拼搏的精神，有着百折不挠、奋发向上的毅力。发明家爱迪生，出身低微、生活贫困，只上了三个月的小学，就被老师认为是个傻瓜，不可理喻而后令其退学。爱迪生虽未受过良好的学校教育，但凭个人奋斗和非凡才智，自信、自强、自立，以坚忍不拔的毅力、罕有的热情和精力从千万次的失败中站了起来，克服了数不清的困难获得巨大成功，平均每 15 天就有一项新发明，成为美国著名的发明家、企业家，被誉为"发明大王"；张海迪，一个高位截瘫、连学校门槛都没进过的人，靠着顽强的毅力，战胜了无数的困难和挫折，自学成才，取得了许多正常人都难以取得的成绩；史铁生在 20 岁时不幸身染瘫痪，痛苦思索，探寻出路，经过长时间的努力，从一个初中毕业生最终成为著名的作家；体操健将小桑兰，不幸受伤以致瘫痪，但她勇敢地面对不幸，微笑着接受人生的痛苦，自强不息，成为著名的主持人。

每一个人无论做任何一件事都是不容易的，都要付出很多的心血和勇气。常听人们说成功太难，太难！难在哪里呢？是不好的环境，还是事情不易办成？其根本的原因不是这些，而是缺乏一种去战胜困难的心里，一种自强的勇气。

安逸无忧、一帆风顺的生活谁都向往，但不幸和困难却是人生不会避免的，但也正是这种种的困难，使我们在无知中学到许多老师、父母无法教给我们的东西。人只有在挫折面前永不低头，自强不息永在心胸，才能获得真正的成功。

所有自强的人都对人生理想有着执著的追求，他们坚信"天生我材必有用""前途是自己创造出来的"。他们藐视困难，面对人生激流中的暗礁与险滩，奋勇搏击，不懈努力，面对挫折和失败，坚强地站起来，用自己毅力，勇气和智慧去克服，在他们的眼中，即使外面的世界是漆黑一团，看到的依然是群星璀璨和明丽的阳光雨露。而命运之神也只愿把意志坚强、自强不息的人高高举起，送入成功的天堂，不管他是健康人，还是残疾人！

中学生，犹如初升的太阳，朝气蓬勃，充满活力，满怀着对未来的美好憧憬。培根曾说过："人人都可以成为自己命运的建筑师。"生长在 21 世纪的中学生如果不去经历大自然风雨的考验，就会像温室里的花朵一样容易凋零。中学生从小就要树立正确的努力方向，一步一步去实现自己的理想，在面对前进的荆棘时，不要畏缩，因为通往云端的路只会亲吻攀登者的足迹；当面对挫折时，不要灰心，因为试飞的雏鹰也许会摔下一百次，但肯定会在第一百零一次试飞时冲入蓝天。

自强不息是少年敲开成功之门的金钥匙，是通向成功的阶梯，是一把提高人际交往中的锁！怎么都逃不掉。

如何做个自强的人

自强是所有人走向成功不可缺的品质，更是青少年须拥有的。但事实上，我们常会听到，有的父母抱怨自己的孩子依赖性太强，自己能做的事情不去做，不会做，全依赖父母；有的父母抱怨孩子没志气，缺乏上进心，做事没毅力；有的父母抱怨孩子经不起一点困难和挫折，总是知难而退，还有的孩子总是贪玩，学习时无精打采，还厌学、逃学……其实这都是缺乏自强的表现。自强的精神之所以可贵，是因为自强者都是依靠自己的拼搏奋斗，而不是他人的荫庇提携去获得成功；自强是坚持不懈的发奋努力、永无止境的执着追求，而非一朝一夕的战胜困难、解决问题；自强还是能与时俱进、开拓创新，能不断革故鼎新、应时以变，以至步入更高更强的境界。中学生怎样来培养自身自强的品质，让自己也拥有这能促进成功的法宝呢？

自主自立。就是要求青少年，无论在生活上还是在学习上，凡

127

事要靠自己的力量不靠别人的观念，自己对自己负责，自己承担起对自己的责任。俗话说"自力更生"。清代著名画家郑板桥告诫儿子："流自己的汗，吃自己的饭，自己的事业自己干，靠天靠人靠祖宗，不算是好汉。"每个人的命运都是掌握在自己手中的，一个人的成长中有依靠自己的力量，把争取个人正当的利益和幸福、放在自己的努力基础之上，才能提高自身的能力，让自己得以发展。特别是在身处逆境的情况下，更要靠自己，因为，别人的帮助只有在自己努力的基础上才有所作用。

自信。要求青少年对自己要有充分的认识，相信自己能通过自己的力量在生活和学习上取得成功。面对困难时，有勇气、有毅力、敢拼敢闯、敢想敢干、勇为人先，坚信"我能行"的信念。但自信不是自高自大、孤芳自赏，过高的估计自己。青少年要根据自己的能力去办自己的事，不要有什么过高的奢望，应从一点一滴做起，去迎接人生的挑战。我们常说，"坚持下去，就是胜利"，"自信"能产生一种强大的力量，它能够在困难和失败的环境下给你以勇气、给你以希望。

自勉自胜。自勉，就是勉励自己，自己鼓舞自己，自己激励自己；自胜就是能克制自己、战胜自己的弱点，激励自己不断前进。在遇到困难时，要懂得自勉，让自己作为自己的动力源，自己开动自己，自我发动。要懂得自胜，困难并不可怕，怕的是战胜不了自己内心的恐惧。人最大的敌人是自己，如果能保持清醒的理智，做出正确的选择，保持坚定的意志和坚强的决心去战胜自己，那还有什么困难解决不了呢？

青少年被喻作"祖国的花朵"，冬去春来，花谢花开，再美的花朵总有一天会凋零，可有的花能结出果实，造福人类，有的花徒有虚荣，无果而终。所以青少年朋友们，在这个花季里，从现在开始，做个自强的人吧！

让我们用实际行动迎接来自生活所给予的一切，无论在任何困难跟前都不要屈服，始终以顽强的斗志生活着、奋斗着，以满腔热情笑对自己的学习和生活。

带着自强，在属于自己的舞台上，尽情地、不断地展示自己，在通往成功的人生路上印下一个个坚定而稳健的脚印，舞出时代最炫目的舞姿来！

20. 勇于接受别人的意见

在平日的学习生活中，在青少年不断成长的道路上，尽管他们总是尽心尽力追求各个方面的完美，但毕竟人无完人，每个人都会有自己的弱点，正因为这样，人们才在不断地完善自己、充实自己。但是，有些青少年却总是在想方设法遮掩自己的弱点，不敢接受别人的意见，一直都觉得自己是完美的。自信是好事，但是自信过了就成了骄傲，"满招损，谦受益"。它告诉我们骄傲自满是有害的，谦虚谨慎就有益的道理。一个人如果自满和骄傲了，那么他的智慧便到了尽头，不可能有任何发展；一个人如果能做到谦虚，他的智慧便能不断的发展，他的交际圈子也会扩大。

自满是大忌，谦虚才能使人进步

厚德载物，有厚则强，海纳百川，有容乃大。一个人的力量总是渺小的，所知道的也总是很有限，这就要求我们要有一颗最谦虚的心，像大海接纳百川一样，虚心地向所有的人学习，这样才能增强我们的知识与技能，才能使我们广结朋友、受人尊敬。

一个人能谦虚，在社会上一定会得到大众广泛的支持与信任，而懂得谦虚，便会知道"日新又新"的重要；不但学问要求进步，

129

做人做事交朋友等等，样样都要求进步。如此所有种种的好处，都从谦虚上得来，所以称为谦德。

古代的贤名之人多是谦虚的，他们并不因为自己有本事而沾沾自喜。他们懂得自满会给自己灾难。他们多是默默地等待伯乐的出现，发现他们身上的价值，然后为知己者劳，为知己者死。

姜尚磻溪边垂钓待圣贤，他没有因为自己是昆仑弟子而自夸门第，称自己多么厉害，而是默默地在磻溪旁直钩垂钓周文王。最终为姬氏家族挣得殷家天下。

孔老夫子，他是我国古代伟大的教育家，弟子万千，有名的就有72人，他可以被称为是最聪明的人了，他可以自满一下，他也有这个条件，他自满了没有？他没有，他只是说："三人行，必有我师焉。"他的弟子遍天下，他的老师也不少。

还有受世人崇敬的周总理，一生谦虚谨慎，平易近人，身为总理虽日理万机，公务繁忙，但每到一处都要深入群众，了解情况。一次，他到上海考察，与电影演员们会面，在亲切交谈中，有个小同志热情地想他建议，说："总理，您给我们写一本书吧！"可他却回答说："如果我写书，就写我一生中的错误，让活着的人们从过去的错误中吸取教训。"

正是因为他对自己严格要求的态度，和谦虚谨慎，为人民做出了巨大的贡献，受到人民的爱戴。不仅生活在"礼仪之邦"的中国人是这样，其他国家的很多名人也如此。

不惧怕别人的意见、自己的缺点

青少年朋友不要惧怕优缺点，更不能惧怕别人的意见。因为真正的成功，经常是由一连串的错误改正后而来。自己有错误并不可怕，勇于接受别人的意见才是关键；但是，别人的意见就像是一块砾石，会磨砺意志，锻炼品格，鼓舞勇气，激发智慧，最终使人成就伟业。面对别人给你的忠告要有个好的心态，这是考验一个人的品格和意志的试金石。

有缺点、有错误是每个人都会遇到的，关键是你要怎样正确的看待这些缺点、这些错误，从别人的意见中汲取经验和教训、把别人的意见当作成功的阶梯，一步一步的你将离成功更近；反之，不愿意接受别人的意见，害怕自己的缺点的人，那么失败将紧随于你，使你的人生一事无成。

青少年应明白：人的一生不可能是风平浪静的，总会或多或少的遇到一些阻止自己前进的障碍物。至于是搬开石头继续向前走，还是绊死在一块石头上，完全在于他自己的态度。同样是缺点、是别人给予的意见，有些人开怀大笑，认为那是自己最成功的事情，因为他很清楚，同一种错误他不会再犯第二次。而另一部分人，面对缺点和失败就心灰意冷，不断的回想着自己的失误，生活在回忆的阴影之中。所以他们总会就："我的天空在下雨。"

不经历风雨怎能见彩虹！有缺点才能更好地步向成功。你要谦虚。要用于接受别人的意见，这样在你的人生中，在一个生命周期的轨迹里，肯定会越来越成功的。

所以，青少年朋友应该正确的看待别人给自己的意见，要允许自己犯错误、有缺点，不要把别人的意见看成是别人嘲笑。如果不愿意接受，不愿意改正，不愿意失败，就不会成长。有缺点并不可怕，从一定意义上说，没有缺陷的人生是不完美的，遭遇一次挫败就灰心丧气，怨天尤人，不敢直面人生的人，他不了解挫败是一块石头。对于意志薄弱者，是块难以逾越的绊脚石；而对于勇于进取者，则是一块成就事业的垫脚石。

总而言之，成功是一种结果，别人给的意见就是开幕典礼的前奏。

131

有的学生在面对别人的意见和批评时，就不再相信自己了。其实，生活中有错误和失败是不可避免的。失败可以让一个人一蹶不振；失败也可以让一个人逐渐走向成熟、取得成就。失败可以毁掉一个人；失败也可以造就一个人，关键是：你怎样去面对生活中的失败。

相信自己，无所畏惧。自信心是人生成败、幸福与不幸的关键。同时，人也是理解自己和与他人相处的关键。信心是行动的发条，基于信心而来的那种无比的驱策力量，就是缔造人世间一切伟业殊功的源头。人有信心，就有希望。信心能使软弱的人变得刚强，毅然承担一切苦难与折磨，接受任何考验和试探。因此，伟人说：信心是英勇的要件。

所以，青少年朋友们，在生活中，面对别的意见、自己的缺点，一定要对自己充满信心，对生活充满信心；在学习上，面对缺点，要给自己信心，要永远地相信自己可以。让你的生活到处都充满着自信与活力，你的生活将会是五光十色的。

21. 别在忌妒中迷失了自己

妒忌是一种较普遍的社会心理现象，是一种影响团结，使力量内耗、损己害人的消极心理，它在人际交往中往往起着消极的作用。表现为别人在某方面优于自己，并认为可能由此危及自己的利益而引起的忌恨与不满，这种情绪往往不是正面流露，大都是旁敲侧击；妒忌心理极欲排除别人优于自己的方面以解除心头的愤恨，从而达到心理上的平衡。

生活中，青少年们常常面对"忌妒"的困扰。忌妒是什么呢？忌妒是人的本能，具有很强的破坏性。忌妒是一种难以公开的阴暗心理，也是一种以自己地位相似、水平相近、年龄相仿的同辈人为指向的带有敌意的心理倾斜现象。培根说：人类"最卑劣、最堕落的情欲是忌妒"。所以，青少年在通往心理成熟的道路上一定不要有忌妒，每个人的世界都是不一样的，都有自己生活方式。只要过得快乐，没必要去忌妒别人，忌妒只会增加自己的痛苦，不会带来快乐。

认识忌妒心理

王红与静静是某重点高中的高一学生，同在一个宿舍生活。入学没多长时间，两个人就成了形影不离的好朋友。王红活泼开朗，静静性格内向，沉默寡言。静静逐渐觉得自己像一只丑小鸭，而王红却像一位美丽的公主，心里很不是滋味。她认为王红处处都比自己强，把风头占尽，时常以冷眼对王红。高三时，王红参加了学校组织的主持人大赛，并得了一等奖，静静得知这一消息后妒火中烧，趁王红不在宿舍之机将她的证书撕成碎片，扔在她的床上。从此，两个形影不离的好朋友反目成仇，令人十分惋惜，归根结底，都是忌妒惹的祸。

忌妒，是对才能、成绩以及条件和机遇等方面比自己好的人，产生的一种怨恨和愤怒相交织的复合情绪。它是一种消极的情感，是一种十分有害的不良心理，忌妒别人除了对于自己的危害以外，他们还会常常的做出中伤别人、怨恨别人、诋毁别人等一系列消极的行为。忌妒往往是和心胸狭隘、缺乏修养联系在一起的。一些心胸狭窄的青年人会因一些微不足道的小事而产生忌妒心理，还把本该用在学习上的时间和精力消耗在勾心斗角上，别人任何比他强的方面都成了他忌妒的缘起。他们心胸狭隘，自我中心严重；争强好胜，样样不服输，看见别人好就生气；对他人充满敌意，耿耿于怀，怀恨在心，严重者甚至不择手段地打击、诬陷其所忌妒的对象。这些都是有忌妒心理的危害。

引起青少年忌妒心理的原因很多，在交往上，处于生理与心理急速发展时期的青少年特别喜欢攀比，看见别的同学穿了名牌衣服、名牌鞋，就想别人有的我也得有。这种盲目"攀比"，就会导致心理失衡，容易产生"忌妒"问题。一些青少年甚至看到别人的身材、相貌比自己好的时候，也会产生忌妒心理。在学校教育方面，与教师表扬和批评不当有关，与集体主义教育以及学校目的性教育不够有关；在他们自身方面，与其心胸狭窄、缺乏理智、人格不健全、心理不成熟有关。

青少年如何克服忌妒心理

忌妒是一种普遍的社会心理现象，人人都有，没有竞争心的人是不求上进的。但过度的攀比会产生忌妒甚至嫉恨，这种种负性的心理会给青少年带来不可估量的危害。因此，青少年们要理性的控制自己的情绪。在忌妒还没有转化成嫉恨前转回到忌妒的原始起点上来，让忌妒成为你们奋斗的一种动力。然而，要克服忌妒心理，主要让自己学会一些调适心理的方法，具体如下：

（1）学会胸怀大度，宽厚待人。大凡嫉妒心理很强的人，都是心胸狭窄、多疑多虑、自卑、内向、心理失衡、个性心理素质不良的人。努力完善自己的个性因素，提高自己的心理素质，以健康的心态面对生活。也就是说要有广阔的胸怀，要有容人之量每个人都有长处和短处，不能因为自己有所短而乞求别人不超过自己，也不能因为你的成绩而阻碍别人的进步。

（2）客观对待别人和自己，化忌妒为动力。所谓人非圣贤、人无完人，一个大度有涵养的青少年，是不会让忌妒任意滋长的，当对别人表示不服时，可将不服气变为志气，使自己有一种竞争意识，把别人学习好、能力强的特点作为促进自己发愤向上的因素。不是把精力用在怨恨别人、打击别人等无用功上，而是把注意力放在提高自己的成绩，增加自身的素质，在追赶别人的同时实现人生的超越。通过自强不息的努力去超过别人，这本身就是一种健康意识。这种意识表现得恰当，就会使自己的想法成为达到目标的动力，使自己的追求具有良知和道义。相反，如果总是忌妒比自己成绩好的人，就会造成精神负担，对人对己都没有好处。

（3）客观的看待自己。青少年易冲动，所以在忌妒心理萌发时，或是有一定表现时，首先要做到，冷静地分析自己的想法，同时还要客观地评价自己，从而找出自身的问题。其次，要积极主动地调整自己的意识，控制自己的动机和感情。当认清了自己后，再重新去评价他人，自然也就能够有所觉悟了。因为，聪明人会扬长避短，寻找和开拓有利于充分发挥自身潜能的新领域，这样在一定程度上补偿先前没能满足的欲望，缩小与忌妒对象的差距，从而达到减弱乃至消除忌妒心理的目的。

（4）充实自己的生活。英国哲学家培根说过："忌妒是四处游离的性欲，能享有它的只有闲人。"如果学习的节奏很紧张，生活过得充实有意义，就不会有功夫泡在忌妒里。可借助各种业余爱好来宣泄和疏导，如唱歌、跳舞、练书法、下棋等。另外，最好能找知心朋友、亲人痛痛快快地说个够，他们能帮助你阻止忌妒朝着更深的程度发展。

（5）自我安慰与自我反省。阿Q的精神胜利法，就是自我安慰的最好方法。因此，青少年对于别人的成绩、长处要心存赞许，不要总想着贬低比自己强的人。要想到别人的成功大多是靠自己的努力得来的，自己要取得那样的成功，也必须付出艰辛的劳动。蓄意贬损别人，只能败坏自己的心情和声誉，于己于人毫无益处。忌妒心理的产生往往是由于误解所引起的，即人家取得了成绩就误以为是对自己的否定。人固然应该喜欢自己、接受自己、肯定自己，但还要客观看待别人的长处，这样才能化忌妒为竞争，才能提高自己。

（6）减少虚荣心。青少年应多踏实、多学习、少虚荣，就能少忌妒。虚荣心是一种扭曲了的自尊心，它追求的是虚假的荣誉。对于忌妒心理来说，要面子、不愿意别人超过自己、以贬低别人来抬高自己，恰恰是虚荣的表现，一种空虚心理的需要。因此当你开始有虚荣心时，你就想一下自己为何要这么做，这么做是否有必要？别人做得好应该好好向别人学习而不是去忌妒。所以克服一份虚荣心就少一分忌妒心。

（7）加强个人修养，培养良好的情操。忌妒往往使青少年们情绪纷乱，难以平静。这就需要引导学生多读一些有号召力、奋进力的文章，多看一些名著，多读一些精言名句，多看有关先进人物事迹的报道，领悟做人的道理。具备更好的心理素质，才能使自己面对漫长的人生，做到得意时谦虚谨慎，失意时泰然处之，最终走向成功之路。

忌妒心魔力量是可怕的，忌妒心理的预防和克服不是一朝一夕可以做到的，要还自己纯净的心灵天空。还是需要靠青少年们自己来努力，然而，只要认识到忌妒的危害并掌握一些克服忌妒心理的方法，就会很快找回自己。不但如此，以后还会理智的控制自己的情绪，让自己永远不会迷失在忌妒中。

第三章

学生在成长中的素质提升

1. 青春短笛，走出心中的城堡

青春之路充满迷惘和忧伤，当学习成绩一团糟糕的时候，当生活举步维艰的时候，当失败接踵而至的时候，当烦恼挥之不去的时候，当苦痛无法排遣的时候，心中的"城堡"便悄悄垒起，迷路的你再也走不出来。

然而，在这个世界上，却有一支奇妙的短笛可以奏响动听的音乐，让你豁然开朗，只要你善于聆听，学习成绩就会峰回路转，生活就会柳暗花明，成功就会悄然光顾，烦恼就会一扫而光，苦痛就会烟消云散，心中的城堡便会轰然倒塌！

"城堡"从何而来，内心为何迷茫

心理现象曾被恩格斯称为"地球上最美丽的花朵"，但进入 21 世纪，青少年的心中却多了一座难以摧毁的"城堡"。有近 30% 的学生有不同程度的心理问题：任性、偏激、冷漠、孤独、自私、嫉妒、自卑等。青少年由于病态心理而导致心理与行为上的偏差，甚至违法犯罪的现象时有发生。正处于青春花季的少男少女们，为什么会有那么多的心理症状，会有那么多人产生了"自杀"的念头？先来看看这个年龄段青少年的一些共性吧：他们出生在日新月异的信息时代；他们绝大多数是独生子女；他们承载着全家人的希望；他们有优越的生活环境；他们的成长与互联网息息相关；他们个性鲜明，对新事物有强烈的好奇心。五光十色的社会在他们面前闪烁，形形色色的压力也与他们如影随形。他们一路走一路张望，在彷徨失措的时候，他们需要更多的人给予指导、帮助和理解。在物质丰富的今天，他们更需要人们对其内心世界的关怀。

青少年心中何来"城堡"，心里又为何迷茫呢？

社会上有许多负面的影响，对于青少年造成的冲击很大。拜金主义、享乐主义等思想在社会上蔓延，渲染色情和暴力的书刊、音像制品充斥文化市场，封建迷信等社会丑恶现象屡禁不止等，严重侵害了青少年的身心健康。此外，遍布各个角落的游戏厅、台球厅等更是成为了诱发青少年心理问题的温床。

家庭是孩子的第一课堂，家长是孩子的第一任老师，家教与家风对孩子的心理及行为有着潜移默化的影响。孩子的成长环境先天不良，缺乏父爱或母爱是导致青少年产生心理问题的第一诱因。教育方法不当也严重影响着孩子的健康成长："溺爱型"的家庭教育往往使孩子养成好逸恶劳、贪图享乐、自私自利、专横霸道的恶习；"高压型"的家庭极易造成孩子的人格自卑和逆反心理；"放任型"的家庭教育，极易造成孩子的性格孤僻、冷漠。此外，父母的不良行为也对孩子有很大的影响，有的家长根本不能做好榜样，本身就品德低劣，作风不正，对孩子所造成的影响是可想而知的。

由于种种原因，在学校的教育工作中还存在一些弊端。片面追求升学率；重智育，轻德育、体育、美育；重课内教学，轻课外教育；重尖子生，轻后进生。致使学校生活单调、乏味，许多学生对学习生活感到枯燥，心理恐慌，信心不足。另外，一些教师忽视学生身心特点，教育学生采用不当的方法，对学生体罚、心罚，损伤学生的自尊心，使不少学生产生偏激、自卑的心理。有些后进生，被教师所嫌弃，失去上进心而自暴自弃。

青少年时期，尤其是初中阶段，正是学生的"心理危险期"。在这个时期，青少年生理上迅速发育，造成生理和心理之间的平衡及心理诸因素之间的平衡被打破，致使青少年生理"早熟"与心理"晚熟"的反差越来越大；青少年思维的独立性、批判性有了显著的发展，但又有片面性和主观性；青少年精力旺盛，感情丰富，但又带有冲动性，也容易产生心理问题。而对于这种悄悄到来的变化，青少年自身没有思想准备，家长、老师也往往缺乏充分认识，不能及时地采取措施，帮助孩子渡过这个阶段，致使这一时期成为心理问题的多发时期。

奏响短笛，走出误区

青春是一道独特的风景，在成长的路上，只有青春才是最美丽的，它那么绚烂多彩，然而，这样美好的时光中，成长的伤痛和迷茫也接踵而至，让青少年不知所措，心中的城堡越筑越高，最终压得他们无法喘息。

奏响青春的短笛，你便能走出误区。也许城堡正虚掩着，需要你赋予自己力量和胆魄，果断地把它推开；也许城堡与众不同，需要你赋予自己方法和技巧，换一种方式把它打开；也许城堡正被烟锁雾笼，需要你赋予自己多一些时间和耐心，等到天朗气清后打开；也许城堡敞开在另一条路上，需要你赋予自己智慧和眼光，及时改变自己行进的方向才能打开；也许城堡已经被我们悄然错过，需要你赋予自己敏锐的洞察和清醒的感知，果断地重走回头路，才能把它打开。城堡并不可怕，怕的是你不成熟的心不足以给予你足够的勇气。

青春之路虽短暂却不平坦，一帆风顺的路途固然令人向往，但缺少了起伏与坎坷，这样的路底蕴不会厚重；直视无碍的景致固然一览无遗，但缺少了曲折与回环，这样的景致难以荡气回肠。作为新时代的青少年，没有必要畏惧生活的艰险，也没有必要害怕人生的失败，或许这就是生活对我们的砥砺，或许这也是生活对你的锤炼。然后，艰难困苦，玉汝于成。你要始终记住，只要你不放弃自己，城堡总会走出去，而过去的一切，在你出城后，都会成为你精神背囊里最宝贵的财富。

既然青春之路是那么的多姿多彩，那就发挥你无穷的潜力去奏响这支神奇的短笛吧！找到一个解题的角度，知识会帮你走出这座城堡；结识一个知心朋友，友情会让你走出这座城堡；抓住一个即将擦肩而过的机遇，学习会让你走出这座城堡；发现一种快乐的生活方式，情趣会陪我们走出这座城堡；适时地恭维对手，谦逊会带你走出这座城堡；乐观地帮助别人，爱心会与你一起走出这座城堡。走出城堡就是走出了心理的误区，这样不仅会感到愉快的心情，也会最终抵达成功的彼岸。

只要奏响青春短笛，雄鹰便没有飞不过的高山，水手便没有征服不了的江河，同样，生活中，也不会有你走不出去的城堡。其实，从你奏响青春短笛的那一瞬开始，从你追求理想的那一刻起，成功就已经等候在你行进的路途上，它不会背离你，也不会丢弃你，它坚贞不渝地等着你，只不过有时候，你需要多付出一些耐心和艰辛罢了。

只要对生活永远心存希望，这个世界上，便有一支青春短笛等待你去奏响，带你走出心中的城堡。

2. 刷新你的明天，埋葬你的过去

过去的一切都已成为故事，昨天都已成为过去，让昨天随风飘散，识时务者为俊杰，挥别过去才能攀越巅峰；过去已成为历史，把历史摔到身后，才能去开创更灿烂辉煌的明天。放弃过去，跨越征程才能感悟更精彩的明天；跨越征程，每天都是精彩的，每天的阳光都是新的，都是灿烂的。

塑造自我，由心境开始

当往日阴影笼罩生命,别让它成为你前进的绊脚石,别让它因此影响了你的心情,把它甩在背后,让它随风飘散。覆水难收,当一切成为必然,漫漫人生征程不可逆转,生命中有过失败和伤痛,那只是过去历史的演绎,若沉湎其中,只是一种悲哀,人一辈子不可能只停滞在昨天。

　　贾平凹先生曾经写过一篇叫"舍得"的文章。在平凹先生看来人活在这个世界上也就是一种得与失的过程而已。会活的人或者说是取得一定成功的人，其实也就是懂得了两个字而已：舍得。不舍不得，小舍小得，大舍大得。由此可见，平凹先生的确是一个悟透了人生其中的奥妙玄机的人。

　　其实"舍得"二字蕴藏囊括了人生所有的真知。然而并非所有的人都会舍弃那些应该舍弃的东西，哪怕是记忆中最残酷和令人最受煎熬的东西。当然，不可否认，过去的一切却是我们人生征程中的一笔财富，然而与其对过去的一切念念不忘，不如把这些记忆埋藏起来，重新开始，那岂不是一种更好的选择？

　　曾经有这样一则故事：疾驶的火车上有位老人不小心从窗口掉出去了一只鞋子，于是他就毫不犹豫的将另外的一只鞋子从窗口扔了出去，人们很不解，老人说，那双鞋不管它有多么的昂贵，但对于我来说它已经失去了它的作用，可是对于捡到这双鞋的人就不一样，我与其留一只无用的鞋，不如放弃，成就别人！

　　从老人身上看到了睿智，世间任何事物都具有两面性。忧伤与欢乐，得到与失去，看起来互相对立，实则却是互相关联。曾经一度认为放弃是一种对过去的背叛，是一种消极麻木的生活态度。可是当读了老人的故事后，恍然大悟，放弃牵强和过多的奢望，或许得到的便是另外的一种境界。"往者已矣，来者只可追"，有时选择放弃也是一种智慧。

　　对生活中的梦想与追求是一件轻松惬意之事，这本是最应该需要记住的，然而恰恰却被许多人遗忘了。记得《东邪西毒》里有一句值得耐人回味的台词："人最大的烦恼就是记性太好，如果什么都可以忘掉，那么以后的每一天都将会是一个新的开始。"

　　是的，人生在世，的确就是一个舍与得的过程，这个过程是美丽的也是残酷的就看我们如何去看待这个过程而已。想要让自己快乐，想要自己去成就一番事业，那么青少年就应该选择一种淡然的心境，学会舍与得，学会放弃把你的昨天和过去隐埋，让它随风飘散。

青春只有今天和明天

失意之时莫要失志，每天的阳光都是新鲜的，给自己一份阳光的心情。学会懂得有的放矢，无的得矢；锲而不舍与锲而舍之；放下昨日和过去让一切随风飘散，给昨天和过去划上一个句号，展望明天的阳光，用心境去为明天铺垫，写下一首生命的凯歌。

昨天已于昨夜结束

生命只有今天和明天，昨天已经结束，别让今天为昨天买单，有种幸福叫做忘记，忘记之后才是豁达的人生，时时清理记忆的抽屉，明天的阳光才会是新鲜的，明天的征程才会轻松。

太阳每天都是新的

你还在沉溺于昨日的烦恼或者荣誉之中吗？你还在背负着沉重的包袱迟迟裹足不前吗？你还在一直认为昨日的挫折就是彻底的失败吗？假如这些想法一直在你的脑海中挥之不去，那么朋友你真的是要把自己葬送了。忘记昨天，把它隐藏，因为那并不代表你的现在和将来，放弃该放弃的，从头再来。因为每天阳光都是新的，每天都是一个艳阳天。

给自己一片阳光

你的成功只在你未来的旅程之中，前方的风景才是最美丽的，放下自己肩上的包袱，轻装上阵，用一个崭新的自我去走人生征程为自己踩出一条幸福的人生道路。每天给自己一片阳光，把过去和昨天遗忘，用绿茶般的心境潇洒去走自己的人生路。

人生本来就是一个不断重新开始的过程，新的开始，也就是新的希望，一片灿烂的星空。今天既是一个结束又是一个开始，昨天成与败都好，都可以重新开始，重新开始我们的人生。不停地反复着，不断地努力着，重新开始自己的人生。不断地努力进取，完善着我们的人生。

青少年的成长之路坎坷曲折，有过成功，有过失败；有过欢笑，有过痛苦；有过暴风骤雨的摧残，有过艳阳高照的沐浴；埋藏你的过去，让你的明天更精彩，阳光更灿烂。

3. 从泪水中学会微笑

对于成长之路，人们有很多形象的比喻。有人说成长的过程就像剥洋葱，一层层地剥开，终有一片会让你落泪；也有人说，成长是由无数烦恼组成的念珠，但需要我们微笑着把它数完；更有人说愁眉苦脸地成长，成长的旅途必然淌满泪水，而爽朗乐观地成长，成长的历程必将笑容满面。成长，就是从泪水中学会微笑的过程！

流泪代表着懦弱，微笑意味着坚强

每个人的成长过程，都在高潮与低潮的轮回中沉浮，在四季循环往复之中，成长包含着酸甜苦辣，在成长的路上也许我们曾经泪流满面，也曾经笑若桃花。既然艰辛与挫折无法逃避，困难与挑战无可避免，何不笑对成长之种种呢？殊不知，消极的流泪代表懦弱，积极的微笑才意味坚强！

一位哲人在面对秋天瑟瑟飘零的落叶时大笑道："它不是凋零，不是陨落，它是胜利者的凯旋。"哲人不仅有笑对叶逝的明朗心境，还有更换心态看待事物的勇气。花中有刺与刺中有花不仅顺序有异，也有积极与消极之分，前者是泪洒消极，后者则是笑对积极。

泪水是阴霾，压抑沉闷，而微笑是阳光，温暖明媚；泪水是乌云，厚重阴沉，微笑是清风，凉爽怡人；泪水是洪水，泛滥成灾，微笑是甘露，滋润心灵；泪水是雷雨，让人沉湎于惊恐和畏惧之中，久久无法自拔以至于懦弱到不堪一击，而微笑是溪流，让人在激越和跌宕之后，越发坚强，最后得以感受汇入大海时的波澜壮阔。成长教会你泪水中学会微笑，与懦弱中体味坚强。微笑存在于一种经历风雨才见彩虹的信仰中，存在于一种海纳百川，有容乃大的宽容中，存在于一蓑风雨任平生的坦然中。泪水中依然美丽的微笑充盈着满足，挥洒着温馨，困境里爽朗的笑容是经历漫长的黑夜，朝霞托出的黎明，懦弱里坚强的面容是万物复苏，生机勃勃之时，冰雪的悄然解冻。

在泪水中学会微笑，可以让你从容面对成长的坎坷，可以驱散少年的阴霾，化干戈为玉帛。可以增强信心，激发斗志，斧正思想，润清灵魂。古今中外，微笑诠释着一切美好，蒙娜丽莎的微笑散发着魅力；梵高的微笑交织着执著；莎士比亚的微笑充盈着博大深邃；狄更斯的微笑深含着内蕴和高远。他们也曾遭遇过成长的痛苦和折磨，既有生活的困窘，有创作的彷徨，也有思想和作品不被人接受的无奈……然而，他们最终在泪水中，不仅学会了隐忍的微笑，也学会了坚强与勇敢。

成长是一条艰辛的路，是一段艰难的旅程，泪中带笑需要一颗坚强的心。早晨的微笑预示着有美好一天的开始，你的激情会因此而涌起，热情地投入到今天的奋斗之中；中午的微笑是对继续前进的加油蓄注，奋斗在海面上的悠悠远航再接再厉；晚上的微笑是收获了一天的满足，是对自己的肯定，是为踏上新的征程积蓄力量。年少的你有泪不轻弹，不必抱怨学习中太多的压力，微笑会将所有的压力化为通往成功的铺路石，也不必担心前进有道路上太多的困难，微笑会让你看清这一切荆棘只不过是披着狼皮的羊，更不必责备上天的不测风云与旦夕祸福，微笑看待这天将降大任于斯人的准备。流泪是懦弱的表现，微笑是坚强的象征，成长之路上，再大的困难也要擦干泪水昂首阔步，再多的挫折也要用微笑串起一道道美丽的音符！

用微笑把泪水埋葬

微笑是世界上永不凋零的一种花朵，不分四季，不分南北，它会在困境之中顽强地绽放。用微笑把成长中的泪水埋葬，即使你饥寒交迫，也能感到人间的温暖；即使走入绝境，你也会重新看到生活的希望；即使孤苦无依，你也能获得心灵的慰藉。笑一笑，十年少。微笑可以化解苦难，给你成长的勇气，永远微笑的人是快乐的，永远微笑的面孔是年轻的，用微笑埋葬泪水，犹如挥洒阳光，清洗泥泞，普照大地，给万物增辉。

有一个寓意深刻的故事：有一年冬天，父亲到院子找柴火，发现自家培育多年的准备建房用的大树竟然毫无生气，叶子也掉光了。他以为自己多年的心血全没了，便失声痛哭并砍断了枝丫。儿子却笑着说，明年春天，它肯定能再长起来的，并辛勤地护理起残存的树桩来。第二年春天，枯树上真的意外地萌发一圈嫩芽，它居然活了下来！成长的路上，我们也会面临失望以及遗憾，或曾流泪沮丧，又或笑融冰雪。但要始终铭记住，用微笑便能埋葬泪水，收获新的希望。对一切事物都要在笑容里充满信心，不要闷闷不乐时就放声痛哭，也不要在情绪低谷里掩面而泣，坚强的微笑后面总是晴天。毕竟，冬天到了，春天还会远吗？笑对成长的苦与忧，相信生命的枝头不久就会萌发新芽！

有人曾这样说过："人，不能陷在痛苦的泥潭里不能自拔。遇到可能改变的现实，我们要向最好处努力；遇到不可能改变的现实，不管让人多么痛苦不堪，我们都要勇敢面对，用微笑把痛苦埋葬。有时候，生比死需要更大的勇气与魄力。"用微笑埋葬泪水，便能在成长的旅途中感受到清风抚摸树林的温暖，夕阳燃烧天空的炽热，浪花冲刷礁石的激情……泪光闪闪之中若含盈盈笑容，便是快乐的诠释，幸福的真谛，温暖的意义，更是坚强的象征。

在成长中，要学会拥有阳光雨露，鸟语花香；在生活中夹杂着欢乐喜悦，烦恼忧伤，成长是化茧成蝶，破蛹而出的过程，虽有难挨的煎熬和难耐的疼痛，但纵览全局，却总是美丽动人的。不是成长旅途困境重重，不是前进路上荆棘密布，只是很多人知道眼泪中也可以含有微笑。

因此青少年在面对成长，无论是失意沉沦还是挫折苦痛，不论是阴云密布还是雷电交加，都要擦干泪水，换上笑容，这样，你就会多一份自信，少一份失望，并可赞之为乐观，多一份勇气，少一份怯懦，亦能称之为坚强。当眼中有泪的时候，记得敞开你的胸怀，打开你的心灵，看看这个纷繁多姿的花花世界。扬起你的嘴角，便能把泪水随痛苦一起埋葬，放飞你的希望，便能让笑容如花儿一般绽放！

4. 用热情拥抱生活

青少年是如何走出困顿，迈向新生活的？从成功者的实践看，一个人的成功，与其倾注的热情有很大关系。

成功是屡遭挫折而热情不减

热情是成功者的一个重要特质。说是特质，是说把热情作为区别成功者与非成功者的一记标志。被誉为"世界第一CEO"的杰克·韦尔奇在他20年的任期内把美国通用电气集团带入了辉煌。一本关于他的成长与成功的自传是韦尔奇退休前的最后一个大动作。他的自传在他动笔之前就被时代华纳公司以700万美元的天价竞标购得它的北美版权，超过了历史上的所有自传。韦尔奇在书中回顾了他的一生，介绍他的管理思想和经验。在书的结尾提出了作为CEO的20多条经验总结，这些都是心血的凝结。他认为"成功者共有的一个品质就是他们比别人更有激情，极大的热情能够一美遮百丑，激情不是浮夸张扬，而是某种内心世界的东西。"由此可以看出，热情对于人们成功的推动作用是不言而喻的。

生活就像一盆冷水，沐浴在冷水的我们往往会体会到生活的冷漠。

同学之间不以真诚相待。

同事之间的勾心斗角。

朋友之间有困难却不愿出手帮忙。

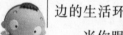

人与人之间像是隔了一层膜，事态炎凉的感慨万千一触即发。于是，我们便会被生活这盆冷水一泼，从头凉到地。但生活的路在我们的脚下，选择怎样的生活在于我们的态度。我们虽无法改变我们的生存环境，但我们却有能力创造自己的生活方式，从而营造身边的生活环境。

当你眼睛没有变的像太阳一样亮时，你就看不到阳光，当你的心没有敞开像天空一样宽时，你就看不到白云。所以，当你以热情的态度面对生活时，你的生活才会以热情对待你。

如果你想成功，你就应该对你的工作，你的生活和你的朋友都充满热情。没有热情是不可能成功的。

挫折足以燃起一个人的热情

拿破仑·希尔曾经说过，"如果你有一颗热情的心，那么毫无疑问，现实将会给你带来奇迹。"

他回忆说，一次，在一个浓雾之夜，他和他的母亲从美国新泽西州出发，乘船渡江驶往纽约的时候，母亲看着滔滔江水，喜气洋洋地说："这是多么惊心动魄的情景啊！"

"有什么出奇的事情呢？"拿破仑·希尔不解地问。

拿破仑的母亲虽然年岁很大了，但她的声音里依旧充满了热情："你看，那浓雾，那船工的号子，那船只四周若隐若现的光芒，还有消失在雾中的风帆，这一切多么动人而美好，多么令人不可思议啊！"

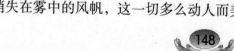

当时，或许是被母亲的热情所感染，拿破仑·希尔也被那厚厚的白雾，那远处若隐若现的船只所吸引。他说，那一刻，自己那一颗一向迟钝的心，似乎突然得到了滋润，它开始渗透出一种新鲜的血液。从此他对于世界多了一颗探索之心和一种热爱之情。他感受到了人间万物的壮美景象。

母亲注视着拿破仑·希尔，微笑着说："亲爱的儿子，一直以来，我从来都没有放弃过给你各种人生忠告。不过，无论以前的忠告你接受与否，但这一刻的话语，你一定要永远牢记。那就是：世界从来就有美丽和幸福的存在，她本身就是如此迷人，令人神往，所以，你自己必须对它拥有不倦的热情。这是你一生幸福的保证。"拿破仑·希尔一直牢牢记住母亲的这些话，而且努力体会、感受世界，始终让自己保持着一颗充满热情的心。这使他不论在怎样的环境下，始终具有积极向上的力量和勇气。

在人的一生当中，有许许多多成功的机会，为你发挥自己的潜力提供了可能，而内心中是否始终充满热情，往往成为成功者与失败者之间的"分水岭"——那些意气风发的成功人士，必定都具有"热情"的品质。热情，一方面是一种自发的素质，能使你始终保持自身的活力与斗志，同时，它又是一种珍贵的能源，能帮助你集中全身力量，投身于某一事业或工作中，并获得巨大的驱动力。

美国文学家 R·W 爱默生曾写道："人要是没有热情是干不成大事业的。"大诗人 S·乌尔曼也说过："年年岁岁只在你的额上留下皱纹，但你在生活中如果缺少热情，你的心灵就将布满皱纹了。"

人们有了热情，就能把额外的工作视作机遇；就能把陌生人变成朋友；就能真诚地宽容别人；就能爱上自己的工作，不论他是什么头衔，或有多少权力和报酬。人们有了热情，就能充分利用余暇来完成自己的兴趣爱好，如一位领导可成为出色的画家，一个普通职工也可成为一名优秀的手工艺者。

人只要有了热情，就会变得心胸宽广，抛弃怨恨，就会变得轻松愉快，甚至忘记病痛，当然还将消除心灵上的一切皱纹。

不管何时何地，你都要保持高度热诚，最好现在就开始。

如果能将它转化为生活的态度，你会发现自己的生活观念比以前更为积极，活得也更加快乐。

"热诚"的英文字源来自于希腊文，意思是"上帝与我常在"。请你务必时时以热诚来面对生活中所有的事，能够让别人看得到你发自内心的美。此刻起，开始和朋友分享你的热诚。

热情是心中的一支火炬，当它熄灭了，我们便不再相信真、善、美和奇迹，我们便陷入万劫不复的黑暗境地。艺术落入俗套，文学味同嚼蜡，我们的面孔，也因麻木而失去光彩。

重新燃起我们的热情吧，拿出重新入世的精神，向麻木和虚伪、向着惰性和谎言作斗争。重新塑造一个全新自我，这就是我们要做的。

世界上最糟糕的事莫过于人类丧失了他的热情，只要保持热情，即便失去一切，也会东山再起。如果我们每天都能充满热情，不但自己受益，还可以使周围的人和我们一样过着积极而快乐的生活！何乐而不为呢？

5. 保持乐观的心态

心态决定一切；心态好了看着什么都顺眼，做起什么事都顺心。比如学习，心态的好坏直接关系到学习的最终结果的好坏。就如法国著名作家拉伯雷所说的："生活是一面镜子，你对它笑，它也会对你笑；你对它哭，它也会对你哭。"如果每天都能保持乐观的心态，那么，每天的生活都是快乐和充实的。

乐观的心态是为人处事的需要

当你看到只有半杯水的咖啡时，你会怎么想呢？你会说"我还有半杯咖啡"，还是会说"我只有半杯咖啡"。"还有""只有"仅一字之差，但表现出的却是完全不同的人生态度，一个是积极乐观，一个是消极悲观，而注定的结果就是一个成功，一个失败。在人的一生中，成功之路也不是畅通无阻，难免会遇到一些挫折，面对挫折和困难，心态积极、乐观向上的人会接受挑战、应对挫折，无论做什么事都会以愉悦的心情对待，自然就有成功的机会，也可以说已经成功了一半；而消极悲观的人，总是怨天尤人、夸大困难，结果只能是碌碌无为，从而使自己的人生路走向下坡，掉进失败的深渊。

乐观者因积极的心态，所以总是可以保持清醒的头脑，在危难中找到转机；悲观的人即使给了他机会，他的眼里也只看得到危难。

有一个美国女孩，在她小时候因一次意外，眼睛受了重伤，最终导致双目失明，但庆幸的是通过手术，她还能通过左眼角的小缝隙来看这个世界。面对生活给予的"礼物"，上帝赋予自己的残缺的身体，她没有因此而悲观，不仅接受了现在的自己，而且更加坚定了活下去、要活得更好的信念。她很喜欢和小朋友们一起玩跳房子的游戏，为解决眼睛看不到记号的问题，只有努力把每个角落都记在脑子里，然后快乐的像个正常人一样。凭借着一股韧劲，她曾到一个乡村里教过书，在教书之余，她还在妇女俱乐部做演讲，到电视台里做谈话节目。双目的缺陷并没有影响她的人生，相反，她以积极乐观的态度、努力奋斗的毅力获得了明尼苏达大学的文学学士及哥伦比亚大学的文学硕士。她所著的自传体小说《我想看》在美国轰动一时，成为畅销名著，激励了无数人的斗志。她就是波基尔多·连尔，她曾这样说："其实在内心深处，我对变成全盲始终有着一种不能言语的恐惧感，但我也深知，这种恐惧不会给我带来一点益处，我只有以一种乐观的心态去面对这一切，激励自己，才能最大效的改变现状。"也正是她这种乐观的心态，不仅成就了她辉煌的人生，也使她在 52 岁时，经过两次手术，获得了高于以前 40 倍的视力，又一次看到美丽绚烂的世界。

人们总是认为，一个人的成功依赖于某种天分或某种优越的条件，但青少年却从波基尔多·连尔的身上看到，积极乐观心态所带来的力量。试想，如果她在失明后自暴自弃，终日活在对老天不公平的抱怨中，还怎么去支配和控制自己的人生，又怎么能拿出勇气去克服困难，面对更残酷的命运？

随着信息时代的来临，社会的竞争也越来越激烈，对于肩负使命的青少年来说，也将要面对更多的压力与挫折，用怎样的态度去对待生活也决定了日后会有怎样的未来。其实，困难就像弹簧，你强它就弱，你弱它就强，生活中很多失败，并不是因为我们能力不行，而是给了自己的悲观。所以说困难并不可怕，只要你能乐观的看待所面临的一切，你就能站在巨人的肩膀上，获得比顺境更为强大的力量，看得更高走的更远。

如何保持乐观的心态

渴望人生的愉悦，追求人生的快乐，是人的天性，每个人都希望自己的人生是快乐、充满欢声笑语的。快乐是一种积极的处世态度，是以宽容、接纳、愉悦的心态去看待周边的世界。月有阴晴圆缺，人有悲欢离合。生活也是由哭与笑、风雨和彩虹、成功与失败组成的。而乐观与悲观，就像是阳光与阴影存在于我们的生活中，如何拥有乐观的心态？每天微笑的迎接风雨和彩虹，面对现实，面对困难和挫折，是青少年掌握人生命运所必须具备的心态之一。

面对现实，以及面临生存的竞争，怎样才能使自己的心理保持乐观的心态，使乐观成为不可或缺的维他命，来滋养自己的生命呢？

对于每一位青少年来说，乐观两个字都是说起来容易但做起来难。英国思想家伯特兰·罗素曾说过："人类各种各样的不快乐，一部分是根源于外在社会环境，一部分根源于内在的个人心理。"也就是说悲观随处可以找到，但要做到乐观就需要智慧，必须付出努力、敢于面对现实，才能使自己保持一种人生处处充满生机的心境。

人们无法通过自身的努力去改变自己的生存状态，但人可以通过自己的精神力量去调节自己的心理感受，让自己达到最好的状态。要拥有乐观的心态，必须让自己的眼光停留在积极的一面，就如太阳落山后，伴随着黑夜的来临，也还可以看到满天闪亮美丽的星星一样。世界是向微笑的人敞开的。乐观是人快乐的根本，是困难中的光明，是逆境中的出路，乐观能让你收获果实，收获成功，改变现状。

以不同的心态去看待身边的事物，就会收到不同的效果。乐观的人总是能从平凡的事物中发现美。其实，生活中从来都不乏欢乐，只要你用心体会。正如一位智者所说的那样："一个人感兴趣的事情越多，快乐的机会也越多，而受命运摆布的可能性便越少。"当代青少年也应拿出面对生活的勇气，不要总是抱怨逆境，也不要把逆境当作是一种不幸，而是用积极乐观的人生态度，透过脏兮兮的窗户玻璃看窗外美丽的景色。

对于青少年来说，不论何时何地，不论做什么事，都要端正自己对生活、工作及学习的态度。要学会用积极的心态去发现生活中人或事美好的一面，热情地生活，愉快地工作，轻松地学习，以乐观旷达的胸怀面对每一天。

不要再抱怨命运的不公，也不要再抱怨上天给予你太多的磨难，无论在多么困难恶劣的环境里，换一种观点、换一种眼光、换一种心态看待所遇到的每一件事。青少年应该努力让自己拥有积极进取的阳光心态，乐观地对待生命中的风雨和彩虹，发挥自己的优长，激励自己的热情，挖掘自己的潜能，昂首挺胸地走在光明大道上，接受生命的洗礼。

狂风暴雨之后的彩虹才会更美丽，只有经历破茧的痛苦才进行身体的蜕变，所以请乐观的面对吧，明天会更美好，成功就在不远处。

6. 要学会放松自己

什么心理因素会影响到坐着不动的工作者，而使他们疲劳呢？是快乐？是满足吗？不是的，绝不是这样！而是烦闷、懊恨，一种不受欣赏的感觉，一种无用的感觉，太过匆忙、焦急、忧虑——这些都是使那些坐着工作的人筋疲力尽的心理因素，使他容易感冒，减少他的工作成绩，而且会让他回家的时候带着神经性的头痛。不错，我们之所以感到疲劳，是因为我们的情绪使我们的身体紧张。

为什么我们在思考的时候，会产生这些不必要的紧张呢？何西林说："我发现主要的原因……是几乎所有的人都相信愈是困难的工作，愈是要有一种用力的感觉，否则做出来的成绩就不够好。"所以我们一集中精神就皱起了眉头，耸起了肩膀，要所有的肌肉都来"用力"。事实上这对我们的思考，根本没有丝毫帮助。

碰到这种精神上的疲劳，应该怎么办呢？要放松、放松、再放松！要学会在工作中放轻自己。

这很容易吗？才不呢，你恐怕得把你做了一辈子的习惯都改过来。可是花这种力气是值得的，因为这样叫以使你的生活起根本性的变化。威廉·詹姆士在他那篇题为《论放松情绪》的文章里说："美国人过度紧张、坐立不安、着急以及紧张痛苦的表情……是种坏习惯，不折不扣的坏习惯。"紧张是一种习惯，放松也是一种习惯，而坏习惯应该祛除，好习惯应该养成。

你怎样才能放松呢？是该先从思想开始，或是该从你的神经开始呢？两者都不是。你应该先放松你的肌肉。

任何时候你都能够放松，任何地方你也能够放松，只是不要花力气去让你自己放松。所谓放松，就是消除所有的紧张和力气，只想到舒适和放松。开始的时候先想怎样放松你眼部的肌肉和脸上的肌肉，不停地说着："放松……放松……放松，再放松。"要感觉到你的体力，由你的脸部肌肉，一直到你身体的中心。要使你自己像孩子一样地，完全没有紧张的感觉。

美国前总统布什就是一位很会放松自己的行家里手。

他与亚诺·斯瓦辛格是好友，因为他们都喜欢健身，是"同道中人"。他毫不讳言运动是他的"减压大法"。

爱好一样东西，多是自小培养的。布什在安佛中学时期，喜欢踢英式足球，耶鲁大学时期则为棒球校队一垒手。到华盛顿入住白宫后，他喜欢沿着波多马克河慢跑，至佛罗里达州岜斯角度假，喜欢钓骨鱼。在白宫或肯尼邦克港老家，则抽空打高尔夫、网球、掷马蹄铁、游泳、打乒乓球或室内排球。

布什对运动的狂热，有时连随时陪伴白宫的幕僚，都惊讶他的旺盛体力。布什在肯尼邦克港的老家，占地 11 英亩，是他祖父在 1903 家所购置的。近年来因他常去度假，故添了不少运动设施。

布什到肯尼邦克港度假时，常邀白宫重要幕僚或某些首长前往。他固定在家附近的阿德伦尔角高尔夫球俱乐部打球。他的差点是 11，18 洞的杆数约 90 杆上下。最常陪他打球的是当地球师瑞诺，两人每次打 18 洞约需 1 小时 25 分钟。

打完高尔夫球，布什经常与家人或客人乘快艇到肯尼邦克港外海钓鱼。回到宅院，有时一个人掷马蹄铁，孩子们则在旁观看。布什是个天生的左撇子，不过他打网球时却用右手。

许多人常抱怨自己工作忙，根本没有时间去运动，没有任何时间去改善自己紧张的状态。其实，这大多是思想问题，或者就是你自己根本不适合目前的工作。试想，一个日理万机的总统难道工作会比你更轻松吗？关键你的思想要先轻松起来。

7. 保持健康的身体

　　没有健康的身体就没有人生的成功，然而，现实中却很少有人明白身体的健康与事业之间的关系是怎样的重要和密切。其实，人们的每一种能力与才干的增加，以及整个一生工作的效能的增加，都有赖于身体的健康。

　　身体之健康与否，可以决定一个人勇气与自信心之有无，而勇气与自信，又是成就任何事业必备的条件。身体衰弱的人，遇事往往感到畏难、犹豫，不大会有创造的精神。

　　完满的成功，依赖你健全的精神；而健全的精神，寓于你健康的身体。如果一个人在做事的时候，有气无力，在血液里、大脑里，也没有多余的力量，那么每当大事临头，往往就无力应付。

　　对于整个生命的成功所系的大事业，你必须付出你的全力，否则就不能成功。如果你有强健的身体，那么不论做什么事情，就不会陷于被动，而完全出于主动，出于自告奋勇。工作不是出于被动和勉强，你才会坚强有力，专心一致，最终会有独特的开创性成就。如果一个人做事的时候，筋疲力尽，无精打采，就必定要遭到失败。所以无论做什么事，如果表现出软弱，绝没有成功的希望。许多人的失败，其原因即在于此。如果一个人做起事来有气无力、死气沉沉、目标低下、思想落后、意志不坚、脚步不稳，那么他永远做不出大的成就来。

　　一个善战的将军不会率领一支精力疲乏、士气不振的军队去和敌军决战。他一定要率领精神饱满、训练有素的精兵，才肯去应付大战。

　　一个人的成功和失败，全看你能否保重自己的身体，能否总是使你的身体处于精力充沛的状态。一匹日行千里的骏马，如果食不饱、力不足，在比赛中反倒不如一匹平常的马。一个具有专门才干、精力充沛的人，要远胜于自我放纵而致精力衰弱的人。如果在人的身体里和血液里，没有储藏充分的精力和能量，那么一遇挫折，便会立刻后退。

如果一个人能相信自己，并且有强健的身体来克服环境的不利，他就能从紧张、惊恐、犹豫、怀疑等种种精神束缚中解脱出来。

强健的身体里蕴含着伟大的创造力，强健的身体可以增加人们各部分机能的力量，所以做起事情与那些体质衰弱者相比，自然效率更高、更有成就。

很多人有做大事的愿望，但是缺乏强健的身体来帮助他们的成功。更有不少人，天天在无谓地消耗、浪费这帮助他们获得成功的力量，因此最后并没有圆满的结果。

西奥多·罗斯福之所以能成功，不也是由于他能注意身体健康这一成功资本吗？如果他不注意身体，也许他已经遭到失败。罗斯福曾经说过："我本是体弱多病的孩子，因为能够注意锻炼，身体就日趋健康，精神日见充沛，所以做每一件事，必定能达到预先确立的目的。"

健康的维持，有赖于身体中各部分的均衡发展；而成功的取得，又有赖于身体和精神两个方面的均衡发展。所以，我们对于体力和智力、身体和精神，都要兼顾并重。一般人只偏重于发展一方面，比如通过某种方式的锻炼过分刺激某一部分肌肉的细胞，却忽略了营养。而营养不足也容易引起体力的衰弱，因此适当的营养也非常重要。

持续的工作和不断的运动，是诊治羸弱的最好药方。人体的器官，如果不加以使用，机能就会逐渐蜕化。而工作就是人类器官的调节器。无论在什么时候、什么地方，空闲无事是最容易诱发出疾病来的。而人们一切的犯罪作恶行为，也大都发生在空闲的时候。当人们在忙于工作的时候，种种不良的引诱是不容易侵入的。

英国的一个著名医生说过:"你如果要想长寿,那么在睡眠时间以外,一定要使神经活泼。此外,除了正当职业,还应该有有益的生活嗜好,这嗜好往往可以给人带来愉快,使人们工作的兴趣增强,使人们的生活丰富有趣。"要知道,生命就在于运动,闲着不动便是死亡。

精力是成功的第一能源

有许多立志成功的人非常明白一个道理:要把自己的精力全部倾注到事业上,但是在实际工作中,他们仍然会在不知不觉中,把相当的精力耗费到了毫无裨益的事情上。一个人利用自己的精力,就像我们平时用水一样,一不小心就会浪费很多。

世界上大部分人都在随时浪费自己的精力,不仅如此,他们往往连另一个重要的成功资本——身体,也不大注意,他们往往把身体弄得像生了锈的机器一样。至于他们损耗脑力的方法更是五花八门,造成了生命力的最大损失。比如,动不动就发怒、烦躁、苦恼、忧郁,这些心理与其他的坏习惯比起来,它所损害的生命力不知道要大多少倍!

一个精明谨慎的商人一定知道怎样把每一分钱都花在最有效的地方。但有些人却把自己昨天储存的体力,今天就用个精光;昨天积蓄的脑力,今天就挖掘得一点不剩。常常这样,他们还能够做成什么大事呢?

一个年轻人如果不时时注意积蓄自己的体力与脑力资本,不时时注意保持自己强健的躯体,那么他无疑是把自己的成功资本随便地扔到大海里去了。即使他的志向再远大,最后也无能为力,无法实现自己的目标,只好后悔不迭。

我们经常可以看见一些年龄还不到 30 岁、但已显得老态龙钟的青年人,他们开始做事时也有着巨大的"资本"——那宝贵的脑力、才能和体格,这些东西他们样样都不在他人之下,但是现在年龄还不到中年,他们就把自己那巨大的资本挥霍一空。

这种人，最初人们都觉得他是前途似锦、希望远大的人。他有充分的领导能力，浑身充满活力，事事都能乐观。但是不久以后，我们就可以看见他遭遇了成功的敌人：他那贮藏精力的保险箱被敌人打开了！于是，他那身体的机器逐渐被破坏，随后，他以前那股干事的神秘力量仿佛被洗劫一空一样。然后，他那充分的自信力也逐渐消失了，自尊心也不见了。这样，他多年来心血的结晶就只剩下一个毫无用处的空壳了。

当他失去自信心后，人们当然会不再信任他了，这是必然的事情。当他开始东搞一下，西弄一下时，他就再也不会有大的成就了。他以前是生气勃勃、精力充沛、希望无限的样子，但现在竟然变成了一个无用的废人。这样，对于他那期待已久的伟大目标只好满腹感慨、望洋兴叹了。一个年龄还不到 30 岁的人竟被弄得筋疲力尽、老态龙钟，真是太可惜了。

如果你有一些不良习惯，比如神经过敏、暴躁易怒、稍有挫折就极度沮丧、略逢困难就烦恼异常、稍不如意就大发雷霆等等，你一定要提高警惕：成功的劲敌正在暗地里向你的全身发起猛烈的进攻，正在吸取你的精力，败坏你的生命力。

健康是一切幸福的基础，是一切力量的源泉。

人的精力旺盛，机体的效率就会越高。机体的效率越高，人的感觉就越好，就能更多地利用自己的才能从事自己的事业。怎样使人的精力处于最佳状态呢？

约翰深深了解精力的重要性及其可能释放出来的巨大魔力。他的体重曾高达 268 磅，现在已经下降到 238 磅。以前，他根本不了解使他的生命产生价值的方式，他的生理状况也无助于他创造奇迹，他一天除了吃和看电视就无所事事。但有一天，他厌倦这种生活方式，开始了解什么能使人保持健康的体魄。随后，他开始模仿那些

159

一直使自己体魄健壮的人。

营养是一门非常复杂的学问，约翰简直无从下手。约翰曾读过一本书。这本书上说，"你如果如此这般地做，就会长寿。"于是，他以极大的兴趣按其方法做下去，直到他看到第二本书。第二本书上说，"如果你做了这一切，你就会死去，你应该这般如此。"约翰很快又读了第三本书，这里面所说的一切又与前两本书所说的完全相反。这些书的作者都是医学博士，但他们的书在最基本的问题上都是互相矛盾的。

约翰需要的不是这些，他开始寻找那些身体好、有活力的人。约翰弄清他们做了些什么，于是也干同样的事。他把了解到的一切都汇集到一起，总结成为他有用的原则。他编了一套使身体健康、为期60天的课程。他按照这些原则和课程循序渐进地生活，在不到30天的时间里就使体重下降了30磅，更重要的是，他终于找到了一条养身之道。

约翰总结了他最近5年来指导他生活的一些原则。这些原则改变他的生理状况。以前，约翰每天需要8小时的睡眠，早晨需要3个"闹钟"才能使他起床——一个响铃、一个开收音机，一个开灯。而现在，约翰每天晚上都能指导一个研究班，到凌晨一二点才上床，五六个小时后就能醒来，并且精力充沛，神清气爽。这就是那些原则赋予他的结果。

约翰保持健康生理状况的重要原则和他所做的很多事情将是对一些人生活习惯提出的挑战，有些甚至会与你现在所认为的有关健康的概念相违背。但约翰的做法对约翰周围的人产生过惊人的效果。希望你仔细地想一想，它们对你是否有用，你现在保持身体健康的做法是否是最有效的方法。你可以试验10到30天，然后再根据它们在你身上所产生的结果，而不是根据你相信的东西来判断它们的有效性。要充分了解你身体的工作方式，尊重它，满足它的需求，那么，它也就会控制你的身体。

有规律的生活是所有人达到成功的最得力助手，是每一个渴望在生活竞技场上赢得胜利的人应该学习的。

当然，你也不能例外，如果你不能保证自己有足够睡眠、充分的运动和适量的饮食，那么你迟早将受到大自然的严厉惩罚。

有些人每天都要在车轴上滴上一些油，但他们从不知自己应该外出作一次舒服的旅行，给自己加点油。有些人每天早上要把机器仔细检查、整修一番，然后再启动开关，但他们对于自己那架身体的机器，却从来不知道加上足够的油、送进适量的燃料，或使它有适当的休息。

无论一架机器如何精良，如果不按时加上适当的油，机器必将毁坏，使用寿命必然十分有限。人也是一样，如果他整日埋头于工作，劳累过度，等到支持不住才肯歇手，那么他也可能会一蹶不振，再也无法恢复往日的健康了。

但是有些人还明知故犯，他们开足了自己身体的马力，工作、工作、再工作，直到这架机器快要炸裂了，还不肯罢休。这样做，对他有什么好处呢？

给你身体机器加油的最好方法，就是适度的睡眠、定量的饮食和充分的运动。最好还能常常到农村去旅行，这样做就能使你所耗的精力、体力迅速地得以恢复。如果你只知工作不知保养，你一辈子也休想干出任何伟大的成功事业来。

很多精神病专家说，人们自杀的最大原因就是大脑使用过度。

当你感到身心疲惫、生活乏味，遇到任何事情都提不起精神、引不起兴趣时，你就应该去多睡一会，或者多到乡间去散散步。

挤出几天闲暇时间，到乡间去散步、旅行，去爬山、游泳，这样，在不知不觉中就会使你赶走那些忧愁苦闷的情绪，让你迅速恢复精神振奋、愉快舒适的心情。

除非你是一个懂得自我珍重、不为游荡淫逸所引诱的人，否则，你绝不可能享受到健康的幸福。除非你是一个珍惜自己的身体和脑力、不使之操劳过度的人，否则，你也绝不可能拥有强健的体魄。

把握好生命的自然节律

当你看到海洋的波涛、季节的变换和月亮的盈亏时，便看到了自然的节奏。人的生命也同样有一定的节奏：从出生，经过儿童期，青少年期到完全成熟、年老，最后又有新的一代诞生。光、能源和任何事物都有一定的波动起伏，这种起伏或者使它们偏离节奏，或者像中子一样永远围绕着原子核运动。

生命中的任何事物绝对不会静止，运动是持续不断而且有一定节奏的。这就是为什么我们喜欢音乐的原因之一，因为音乐反映出我们的经验节奏。你必须学习随着生命的节奏摇摆，而不是站在那里以不动的姿态和它对抗。沙岸随着波涛运动和变化而能够永远不灭，但防波堤则经常会被冲垮。

注意观察你的生命，它有一定的节奏吗？你在工作之后会娱乐吗？在劳心之后会从事劳力活动吗？饮食之后会禁食吗？严肃之后会表现幽默吗？性交之后会把性交转变成具有创造性的努力吗？

当你的意识处于信息状态时，就是你的潜意识发挥最大作用的时候，当你的潜意识承担任务，而且你的意识被其他事物（亦即放轻松）占据的时候，就是出现真正鼓舞作用的时候。

当阿基米德在努力寻求解决二个物体相对重量的复杂问题时，始终得不到解答，但当他决定放松自己并泡一下澡时，他的潜意识便被浴盆中的热水激发出来。他立刻从浴盆中跳出来，并且大声叫着欢呼着："我找到了!"你从阿基米德身上找到了问题的答案了吗？你曾经给你的思想休息的机会吗？

干扰正常节奏模式会造成许多问题，如果你在工作之后不给你思想休息的机会，你的身体就会一直处于一种被刺激的状态，这种情况可能会使你因为紧张而失调。

你不必希望永远快乐，因为果真如此的话，那种快乐一定会变得枯燥乏味。婚姻顾问的一项重要目的就是要使夫妻了解二人间的爱不可能没有高低潮。你必须学习了解你生命中的波涛和节奏，并顺着生命的节奏表现你的爱，以期能和大自然和谐共处。

8. 笑对失败，人生路更好走

"天有不测风云，人有旦夕祸福"，没有人能承诺我们的一生永远风和日丽；没有人能预知草丛中是否隐藏着毒蛇猛兽；更没有人能勾勒出成败的前行图。那么当我们遇到挫折失败，陷入困境时，我们应该学会笑对人生，笑对失败，只有这样，才能让自己活得轻松，"守得云开见月明。"

失败并不等于自己是一位失败者、不等于自己比别人差、不等于命运对自己不公、不等于自己一无是处、不等于自己浪费了时间和生命、不等于自己是一个不知灵活性的人，失败只能说明自己暂时还没有成功。笑着面对失败，在失败中感悟成功的真谛，感受成功的光环的照耀。

笑对失败，获轻松、成功人生

很多对不能接受失败，选择放弃来逃避。比如，放弃名誉、利益、权力，甚至于自己的生命。其实，这些面对失败选择逃避的人不明白的是，即使逃避、哭泣都无法改变已经成为事实的东西，只有微笑面对它、接受它、了解它、剖析它，才能很好地战胜它。

爱因斯坦一生当中有那么多的重大发现，但是，你可知道，他成功的背后经历了多少艰难挫折和失败吗？曾经在很长时间里，没有人知道他会是一个天才，在人们看来他只是一个笨小孩。一次又一次的挫折和失败没有把它打倒，他认为这是通向成功的必经之路，潜心地做着自己的发现和研究，成为了伟大的科学家。其实，他的成功就是源于微笑着把失败当作成功的"阶梯"。只要拥有这样的心态，我们就应该享受失败，感谢失败，迎接失败过后成功那耀眼的一刻。

德国艺术家安格尔曾经说过："一个人可以被打倒，但不可以被打垮。"失败时不要灰心，微笑着去面对，懂得将失败化为前进的动力。在失败中，学会成长。正如我们在备战高考的路途中一样，尽管我们会被挫折和失败一次次打倒，一次次的被压下，一百次倒下，只要我们心中有信念，就能一百零一次站起来，把辛酸的微笑留给昨日，用坚强的毅力和信念赢得最后的胜利。摔倒了，站起来，调整心态，明天又是一个崭新的自我。

成功和失败两者之间本身是相辅相成、互为前提而存在的，每个人的奋斗过程都是两者交织的过程，没有成功，就无所谓失败，同样，没有失败，也谈不上成功。成功能给我们带来欢乐和收获，而失败却能给我们带来经验和教训，让我们品尝百味人生，只要真心地为之付出为之奋斗努力过，那么即使失败了也是一种成功，失败要比成功更加可贵。所以，对于青少年来说，一定要抛弃掉自己脑中固有的观念，笑对失败，方能认识到失败当中蕴藏的积极道理，获得成功人生。

笑对失败，柳暗化明

"失败是成功之母"，这句耳熟能详名言，相信几乎所有的青少年都听过，但真正理解并做到的人却是屈指可数。现在的青少年大都生活在和谐的社会背景中，成长在温室般的家庭环境下，几乎没有遭遇到过较大的失败，或者说他们的人生还没有开始经历失败。因此，稍微有一点不如意就容易心灰意冷，失去斗志。其实大可不必这样。古人有云："胜败兵家事不期，包容忍辱是男儿，江东子弟多才俊，卷土重来未要知。"也有言："一次的成功是由千百次的失败累积起来的。"青少年没必要把失败看得如同豺狼虎豹，换个角度来品味一下，就会发现其实失败对我们来讲未必就完全是一个厄运，也许它倒是磨练青少年意志的一块绝佳的砺石呢！大千世界，芸芸众生，有谁又是常胜将军呢？

其实，每个人心中都有一种潜在的、下意识的失败感，不被这种感觉影响的人往往是最后的成功者，而被这种感觉控制住的人则难逃失败的厄运。诚然，失败会让人痛苦，但却让人有所收获，而这种收获让人受益匪浅。因此，青少年们必须学会笑看失败，正如有人说的"想要获得一千零一次的成功，就必须笑看一千次失败"，这种颠覆传统的思维方式，能使人从失败的深谷走向成功的顶峰。

成功是每个人奋斗的目标，但失败也是必须要面对的，换个角度看待失败，是人生的一种享受，是生命的一种感悟，是成长的一种幸福。正所谓：不经历风雨，怎么见彩虹？失败和成功是孪生兄弟，两者从未分开过，只不过人们总是爱拿着放大镜来看待失败带来的影响。所以，青少年千万不要为一次的失败而耿耿于怀，痛苦难当，要学会在失败中成长，在痛苦中微笑，只有这样才能变平庸为超脱，化腐朽为神奇。

9. 进取心是优秀者的品质

只要你留意，你就会发现，每一个成功者都有着勇往直前，不满足于现状的进取心。可以说，他们没有人对自己取得的成就沾沾自喜，大多数人都表示要继续努力。这就是一种进取心，是推动人们进行创造的动力。

个人进取心，是你实现目标不可少的要素，它会使你进步，使你受到注意而且会给你带来不断成功的机会。

进取心是一种极为难得的美德，它能驱使一个人在不被吩咐应该去做什么事之前，就能主动地去做应该做的事。

对于一个有进取心的人来说，他即使屡遭失败但仍旧十分努力。在他看来，只有能克服不可思议的障碍及巨大的失望的人才能获得巨大的成功。美国发明家布卡·T·华盛顿说："我明白了，成功的大小不是由这个人达到的人生高度衡量的，而是由他在成功路上克服的障碍的数目来衡量的。"

哈罗德·雪曼写过一本书，名叫《如何反败为胜》。作者在书中列出八种进取精神：

（1）只要我坚信自己正确，我决不放弃；

（2）我深信，只要我坚持到底，一切都会迎刃而解；

（3）在逆境中我会充满勇气，决不气馁；

（4）我不允许任何人用恫吓或威胁使我放弃目标；

（5）我会竭尽全力克服生理障碍与挫折；

（6）我会一而再，再而三地努力做到我想做的事；

（7）知道了成功的男人和女人都曾跟失败和逆境搏斗之后，我会获得新的信心与决心；

（8）无论我面临什么样的障碍，我决不向失望与绝望低头。

在争取成功的过程中，决不应低估了进取心的重要性。进取心是为了战胜失败而必须培养的品质之一。

个人进取心是不需要别人提醒，而能主动去做需要做的事情。虽然这是美国人的各种个性中最优秀的一项特质。

当你在工作上一直致力于要求最佳表现时，就必须洞察每一种情况。无疑的，在工作中必然会出现一些超乎寻常的事情，你的努力有一部分就在完成这些较特别的工作，而这就是意味着你在工作中，已注入个人进取心的力量。

著名的财务软件公司——用友公司总裁王文京就是一个不满足

现状，具有不断进取精神的人。他大学毕业后分配在国务院机关事务管理局工作，在单位他还是个工作骨干。他负责起草的中央国家机关行政会计制度一直沿用到 1990 年之后。在单位，王文京还曾负责实施了中央国家机关行政会计电算化工作。

王文京在单位可算是个"红人"，他曾被评为先进工作者，并曾在全局干部大会上作先进事迹报告，"如果在机关发展可能会很有前途"。但王文京并不满足于现状，他认为他还有很大的能量有待于开发。于是，在他 24 岁的时候，决定到实业界去发展，到经济生活的第一线去。王文京意识到办企业才是他个人的长远选择。他认为："计划经济中机关是最好的单位，但市场经济中企业越来越重要。"

1988 年下半年，王文京正式辞职下海。

辞了职的王文京，人事关系转在街道，他成了待业青年。所以，以最低的企业形式——个体工商户注册了"用友财务软件服务社。"

做企业也有做企业的难度，做企业也有做企业的苦衷。王文京认为最重要的是要调整心态："做企业的人一睁开眼睛看到的就是问题、困难和压力，但如果你认为问题、困难和压力是一个企业领导人职业生涯中不可或缺的一部分，企业领导人的职责就是要处理问题，要解决困难，那么，你就不会感到辛苦了。"

1988 年，王文京创办用友的时候，根本就没有想到过软件会像汽车一样成为一个产业。"我只是感到软件在世界上很有前途，财务软件在中国会有发展的机会。"王文京对民族软件从来没有悲观过、失望过。"重要的不是现在的起点是高是低和现在的规模是大是小，重要的是要去做。绝对不要怕，哪个企业都是从小发展起来的，坚持下去，一定会有大发展。"

在王文京看来，在应用软件上，民族软件有挑战国外软件的实力。组成软件产业的三项战略资源是：人才、市场和资本。市场我们比印度要大得多，印度内需市场很小，美国软件能发展起来，就是因为它有庞大的国内市场，中国的市场在未来没有问题。人力资源中国很丰富，中国还存在人才的结构问题，但这是要靠发展才能解决的问题，中国发展软件的时间太短了，所以，缺乏系统分析人员和项目管理人员，这些问题随着发展可以解决。资本问题本来被看做一个很大的问题，但是最近完全改观了，无论是国内资本还是国际资本，都在往中国软件上面投。

王文京凭他的进取心和智慧，在短短几年之内，把用友公司做成了国内知名的民营企业，2000 年 11 月份，他被美国福布斯杂志评为中国大陆 50 富豪之一。

我们从王文京的身上，可以看到，个人进取心在成功者身上表现出来的一种永不满足的优秀品质。

10. 阳光总在风雨后

人生有许多的挫折都必须靠自己的努力才能改变，只有永不放弃才能够真的拥有成功！俗话说"没有暴风雨的冲刷，便没有绚丽的彩虹，没有坎坷的经历，就没有成功的人生。"人生因为有梦想而精彩，因为有奋斗而伟大，能为自己撑一片晴空的只有自己，能让自己坚强的也只有自己。青少年应该具备坚持不懈的精神，成功往往只会屈服在持之以恒的努力之下，因为梦想再好，如果不能坚持，那么一切都会是空中楼阁，总有一天会经不起风雨的吹打而倒塌。

人生是一种至高无上的体会，不论是风雨交加的经历，还是阳光明媚的经历，都是一个人一生中难以忘记的一瞬间。无论你经历过什么不可预料的事情，都应该保持一个很乐观的态度去处理你身边的一切，学会笑看人生，再大的风雨就让它跑向脑后，学会朝着前方的路看去吧。

青少年正处于身心快速成长的时候，特别需要锻炼自己的心态，保持一个良好的心态才是可以培养出一个合格的、优秀的青少年的。因此，摆正自己的心态十分重要。

人生路上难免有磨难

很多的时候，对于任何事情都不是谁能可以预知的，好的坏的事情有时可以说是一齐地指向于一个人，那时，遇到好的事情，也许人们会表现得很是欣慰。但是如果一旦遇到个坏的甚至于让一生都陷入痛苦中的事情，又当如何呢？所以，人生路上的磕磕碰碰，都是不能避免的，那就要看个人怎么去对待了。

这是一个很不寻常的一天，也是西方的特殊的节日——圣诞夜。因此，人们都像往常一样在周日晚会聚集到教堂里一齐共同庆祝。做完礼拜之后，一个母亲恳求迈克米伦晚上开车带她的两个十来岁的女儿去教堂。因为她独自带着女儿生活，特不喜欢在雪雨交加的晚上开车。于是，迈克米伦于是答应了。

当天晚上，他们开车去教堂，两个女孩子坐在迈克米伦的身旁。

车开上一个高坡，迈克米伦看到前面不远的立交桥那里许多车撞在一起。因为路面结冰，非常滑，车轮无法刹住，猛地撞到一辆小车的后部。

迈克米伦身边的一个女孩尖叫了一声。

"噢，多娜！"迈克米伦回过头去看那个坐在窗边的女孩子怎么样了。当时车内还没有装配安全带。所以她的脸部撞到了挡风玻璃上，落回座位时，锋利的玻璃碎片在她左颊留下两道深深的伤口，血如泉涌，可怕极了。

很幸运的是，这辆车里有急救包，于是用纱布止住多娜的流血。前来调查的交警说事故难以避免，不是迈克米伦的责任。可迈克米伦仍然内疚不安——一个如花似玉的少女脸上将要带着疤痕过一辈子，并且还是因为自己的缘故。

多娜很快被送到医院急诊室里，医生开始为她缝合脸上的伤口。过了好久，迈克米伦担心会出什么事，就问一位护士，手术怎么现在还没有结束。护士说，当班的医生恰好是个整形的外科大夫，他缝合细密，很费时间，但是效果却很显著。

迈克米伦不敢去探望住院的多娜，担心她会怒气冲冲地责骂自己。因为是圣诞节，医生们把病人送回家，有些可不做的手术也给推迟了。所以多娜病房所在的楼层里并没有多少病人。迈克米伦问一位护士多娜的情况怎样。护士微笑着说，多娜恢复得挺好。实际上，她就像一束亮丽的阳光。多娜看起来很高兴，对医治、护理方面问这问那。护士向迈克米伦透露说，病人不多，她们有自己支配的时间，经常找借口到多娜的病房里聊天。

迈克米伦对多娜说，他对于发生的一切感到非常不安和歉疚，她打住迈克米伦的道歉，说可以用化妆品遮住疤痕。接着她开始兴高采烈地描述护士们的工作和她们的想法：护士们围在床头，微笑着。多娜看起来很愉快。她是第一次住院，周围的一切引起了她的极大兴趣。

后米，多娜在学校里成了大家瞩目的中心，她一遍遍地讲述事故的经过和她在医院的经历。多娜的母亲和姐姐也没有责怪迈克米伦，反倒感谢他那晚对姐妹俩的照顾。至于多娜，也没有毁容，而且化妆品确实差不多弥盖了她的疤痕。这让迈克米伦感到好些，但他仍难以抑制心中的刺痛——这么美丽可爱的少女，脸上却有疤痕。

后来，迈克米伦移居另一个城市，从此和多娜一家失去了联系。

10多年以后，那个教堂邀请迈克米伦去做一系列的礼拜活动。临结束的那晚，他忽然看到多娜的母亲站在人群中等着和他告别。

迈克米伦蓦地战栗起来，想起车祸、鲜血和伤疤。

多娜的母亲笑容可掬地站到迈克米伦面前。当她问他知不知道多娜现在怎么样了时，她几乎开怀大笑起来。

"不，我不知道多娜怎么样了。"

"那你记不记得多娜住院时对护士的工作极感兴趣？"

"是的，印象很深刻。"

多娜的母亲接着说："嗯，多娜打算做一名护士。她接受培训，并以优异成绩毕业，在一家医院找了份不错的工作，结识了一位年轻的医生并相爱结婚。婚姻很美满，现在已有了两个漂亮可爱的孩子了。多娜告诉我不要忘了向您提起那次车祸是她一生中最大的幸事！"

人生路上往往像多娜这种意外的事情是非常多的，但是就看你去如何面对了。心态的好与坏只是一个内心如何平静对待一切的解决方式。如果每一个人都能平和对待一件事情，那么他的生活将不会有那么多的烦恼和忧愁了。

或许正如约瑟夫·艾迪逊所说："在人生的旅途中，真正的幸事往往以苦痛、丧失和失望的面目出现；只要我们有耐心，就能看到柳暗花明。"

只有经历，才会有体验。相反，如果我们不去实践，不去经历，只靠别人传授，或书本，是不可能有真实体验和感受的。而我们只能做一角死书架，我们的社会也会停滞不前。不经历风雨，怎能看见美丽的彩虹。

面对挫折，不同的人会有不同的表现：有的人坚韧不拔、百折不挠，经得起挫折的打击；有的人一蹶不振、沮丧、颓废、消沉。古人曾有"人之逆境十之八九"之说，既然在人的一生中挫折和失败不可避免，那么我们就应该正视它。

"自古英雄多磨难"。纵观中外历史上的那些成功者，几乎都经历过挫折，但他们都有百折不挠的意志力，他们的成才史不可不说是一部不屈不挠的奋斗史。以此为生动的素材来教育学生、感染学生，就会使学生明白学习的过程也就是不断克服困难的过程，必须

171

努力才会有所发展。

因此，面对挫折，尤其是青少年不要沉迷失意的阴影；面对挫折，不要浸泡在痛苦的泥陷；面对挫折，不能迷失方向。人生路上遭遇挫折，只当是一阵清风拂过，是一点小浪翻过。这样就淡化了痛苦，缩小了悲伤。

学会像阳光般灿烂对待人生

人生是靠自己走出来的美丽，没有等出来的辉煌。人生不要因叶落而悲秋，更不要因挫折而放弃拼搏。一花凋谢荒芜不了整个春天，一次挫折也不可能限制一生。

人活一世，挫折痛苦不可避免，但风雨过后，显现在你面前的是风平浪静的天空，荆棘过后，显现在你面前的是铺满鲜花的大道。

古人说："失败乃成功之母。"任何一件事情要想做成功，过程不可能是完全顺利的，其间要经历许多的困难和曲折。古今中外，有多少仁人志士，为了追求远大的目标，付出了常人难以想象的艰辛，有曲折，也有失败，但是最终他们还是取得了成功。波兰著名的化学家居里夫人，为了从矿物质里提取微量的化学元素，整天钻在实验室里，废寝忘食的工作，一次次的失败，一次次的从头再来，经过成千上万次的实验，最后终于取得了成功。还有炸药之父诺贝尔，他看到工人们在荒山野岭里用铁锤砸石头，为了开通一条路，要花费非常艰苦的劳动，他就下决心发明炸药，在实验室进行了长期的实验，这其中有过许许多多的失败，甚至付出了血的代价，但是他毫不气馁，迎着困难继续奋斗，经过几百次的失败，终于试验成功了炸药。他为了发明炸药，投入了他的整个一生，一生没有结过婚，为人类做出了巨大的贡献，没有他锲而不舍的精神，哪有今天的光辉成绩。

生活的苦与乐，只有自己心里清楚。不管有什么恶疾或是特别痛苦的煎熬，只要心中有一份坚定的信念，任何事情都是可以克服的。有句歌词里说的好："风雨交加，铿锵玫瑰。"玫瑰固然娇艳，但是经历过风雨的洗礼后依然是那么的美丽，而且还是大众的爱情信物。这就是说，人生要像阳光般灿烂，无论是否遭遇困境，都要保持一个积极向上的心去面对。

曾有这样一位青年人，他行动非常的不便，他患的是骨癌，从而失去一条腿，大家对他是格外热情，比如说搀他走路，搀他起来坐下。虽然在这里，生活无情地展现着残酷，但是人更为坚强。大家介绍说，这个残疾青年酷爱文学，正在着手写一本书，而且他还正在恋爱，也是一位身患癌症的女青年，不久他们就将结婚。

面对这位残疾的青年，或是面对着迎面走来的盲人，难道我们还不实在地感到我们现在有多么的幸运啊！望着他们，我们不能问自己，有什么理由能让自己去不敢面对挫折，又有什么理由不去对生活充满自信，有什么理由不去笑看人生呢？

青少年是肩负着祖国希望的栋梁人才。人生观和价值观还没有真正的形成起来，因此，要保持一个良好的心态，对任何事情，只要坚定自己的信念，相信无论什么事情都不会难倒自己的。学会像阳光般灿烂的对待自己的美好人生吧。

11. 做一个积极乐观的人

孩子们的心里总是演着好多小小的戏剧。父母不跟他们太亲近时，他们就会觉得伤心。可是，这些悲伤却像奏乐的豪雨，雨水中欢笑着初升的太阳。

乐观积极点亮人生

积极乐观的就人像太阳，照到哪里，哪里亮。走到哪里，哪里就会很温暖，无论走到哪里都给别人带来希望、带来快乐！生活不是没有阳光，是因为你总低着头；不是没有绿洲，是因为你心中一片沙漠。永远的积极心态，就会拥有永恒的快乐！所以我们每一个人应该用一个积极乐观的心态去面对生活中的每一件事，并且要勇于挑战自我。健康是每一个人的梦想，对于我们来说健康的定义就是："用一个积极乐观的心态去面对生活中的每一件事并且要勇于挑战自我。"

　　青少年从小就应该培养这种乐观积极的心态，因为这对青少年成长是很重要的。农夫与驴子的故事一样，农夫绞尽脑汁想方设法地救驴子，始终不见成效，就在农夫放弃救它那一刻，驴子突然安静了下来。农夫好奇地探头往井底一看，出现在眼前的景象令他大吃一惊：当铲进井里的泥土落在驴子的背部时，驴子的反应令人称奇——它将泥土抖落在一旁，然后站到铲进的泥土堆上面！就这样，驴子将大家铲倒在它身上的泥土全部抖落在井底，然后再站上去。很快地，这只驴子便得意地上升到井口。然后在惊讶的表情中快步地跑开了！

　　从这个故事中不难看出，在人的一生中，就会发生像驴子的情况，在生命的旅程中，有时候我们难免会陷入"枯井"里，会被各式各样的"泥沙"倾倒在我们身上，并将身上的"泥沙"抖落掉，然后站到上面去。所以青少年更应该像驴子那样保持积极乐观的心态，因为生活本来就充满了风险和挑战，所以对于青少年来说必须明白，不是每件事情都会有好的结局。痛苦、失败在所难免，你没有必要认为自己总会痛苦、失败，因为你大部分时候，好的方面会比坏的方面多。所以当你用积极的心态去面对的时候，你会发现，会有另外一种情况展现在自己的面前。

　　那头驴在面对枯井，就是因为它在困境、挫折面前转变了观念，用积极乐观的心态面对它，从而平静下来，并采取了自救的方法。设想，如果驴子不转变观念，只哀鸣求助或者一味地抱怨，最后只能是坐以待毙。因此我们在困难面前，以乐观的心态去分析问题，才是最明智的选择。所以青少年更应该向驴子学习，一头驴尚能如此积极乐观，何况我们是一个完完整整的人呢！

俗语说得好："世界向微笑的人敞开"，"巴掌不打笑面人"。任何人都不会拒绝快乐，而乐观是快乐的根本。乐观的人收获的是果实，留下的是财富；悲观的人收获的是空白，留下的是痛苦。

对于青少年而言，世界上有千千万万的人和事物，每个人与每种事物或许都有美与丑两个方面，用积极的心态更多地注重人和事物的美好一面可能会感到幸福，而用过分苛刻的眼光只注意人和事物丑的一面自然会感到不幸。让我们换一种观点、换一种眼光、换一种心态看待现实中不完美的人和事物吧，做一个拥有积极心态乐观向上的人，这样就会少一些抱怨、少一些痛苦，多几分洒脱、多几分幸福……

积极乐观成就青春的你

当你放迪斯科的时候，身边的人会随你跳舞；当你放哀乐的时候，身边的人只会随你流泪。我们作为个体的人，可以是团火，去点燃身边的柴；也会是块冰，能冷却身边的碳。正如大海可以成为人们的丰富宝藏，也可以成为人们的葬身之处；丛林可以是土族人的乐园，也可以是陌生人的坟墓。是财富还是陷阱，全由我们每个人的心态决定。

不管别人怎么说，每件事都只看它的光明面。要有信心，不管是对你、对其他人，或者是整个世界，每件事最后都会好转的。不要让这个信念动摇，把你坚定不移的信心表现出来。如果别人说你实在是过度乐观，告诉他们，要过度乐观是不可能的，每一个经验——即使是最不愉快的一个——也带有一些满足的种子。

青少年正处于人生的成长阶段，这种积极心态的培养就很重要，对于青少年来说，这是迈向成功的基石。一位外国大提琴家的童年故事就是一个绝好的例证。有一天，他拖着比自己身体还高的大提琴，在走廊里迈着轻快的步伐，心情显然好极了。一位长者问到："孩子，你这么高兴，是不是刚拉完大提琴？"他的脚步并没有停下，"不，我正要去拉。"这个 7 岁的孩子懂得一个许多大人不懂的道理：

音乐是一种愉快的享受，而不是我们不得不做的、必须忍受的工作。后来他就成为了一个非常著名的大提琴家。

　　所以不论何时何地，作为青少年，我们应该端正自己对生活、工作与学习的态度，凡事采取积极的思维、积极的语言、积极的行动。哪怕是一瞬积极的微笑，一个积极的手势，或者一次积极的暗示，都会有助于我们形成积极乐观的心态。我们应该学会热情地生活，愉快地工作，轻松地学习，以乐观旷达的胸怀，真诚地为他人服务，为他人送去幸福。因为当我们把幸福带给他人的时候，幸福也就悄然降临我们的身边。

　　正如爱迪生的一句名言："我的成功乃是从一路失败中取得的。"是的，事物永远是阴阳同存，好坏并进；事物发展的轨迹总是波浪前进，螺旋上升。对于生活中的阴暗面，青少年是生长在七八点钟的太阳，如果我们没有能力抑制、消灭时，我们还是不看为好，何必让那些苍蝇臭虫一样的人或事弄得自己恶心与不愉快呢？昨天他会成为过去完成式，而我们青少年也正在努力的改变。

　　在现实生活中，我们要学会不断调节自己的视角，不要老是让自己觉得失败；不要由于没有成功就责备这个世界不够完美。其实，我们更应该像爱迪生那样，成功是从失败中走过来的，保持一个积极乐观的心态比什么都重要，因为这才是正确的人生观。

　　作为青少年，如果你觉得悲观情绪左右着你的判断，你开始觉得对未来失去信息的时候，不要忘了提醒自己时间正在一分一秒流逝。悲观本质上是不切实际的，因为它让你在还没有发生，并且也不一定会发生的事情上浪费了时间，它阻碍了你完成应该完成的事情。有人说；生活就是一面镜子，你对它哭它亦哭，你对它笑它亦笑。快乐是一天，不快乐也是一天，为什么不乐观、快乐地度过每一天呢？

12. 在困难面前勇者必胜

最能表现一个人的进取心的是勇于克服困难，战胜困难。人生的征途中，不可能不遇到困难。然而，面对着困难，富有进取心的人总是能够不断地将它克服。

美国广告界的工作狂人亚·克罗尔就是一个不畏惧困难的人，他的信条就是："困难是暂时的，只要努力，最终就能战胜它。"这种不畏困难所表现出来的进取精神，终于使他获得了巨大的成功。

亚·克罗尔 1938 年出生在美国一个工人家庭。由于家庭经济不富裕，他边打工边学习。在校期间学习成绩优秀，文笔很强，被选为校刊主编，把刊物办得很有生气，得到校长、老师、同学们的好评。18 岁那年进了耶鲁大学，两年后，他离开耶鲁大学，进了陆军宪兵队。

克罗尔热爱学习，肯于钻研，他不甘心就此放下学习，便辞别宪兵队，又到拉特格斯大学学习。由于在校级橄榄球比赛中表现突出，被选为橄榄球队队长。后来被选入全美橄榄球队。他的一篇学术论文，引起了《新闻周刊》报社的注意，并采访了克罗尔，从中了解到克罗尔今后的打算：当律师或投身于广告事业，当时他的主意未定。

这个消息被杨——鲁比肯广告公司的一位高级副经理知道了，马上打电话邀请克罗尔到公司来，并诚恳的说，到广告公司，律师也有用武之地。克罗尔就这样选择了广告这个行业。

1971 年，克罗尔被董事长奈伊破格提升为主管国内广告业务的总经理。1980 年，43 岁的克罗尔被任命为公司总经理，执掌着拥有 24 亿资产的杨——鲁比肯广告公司的大权。

克罗尔的信条之一是："困难是暂时的,只要努力,最终能战胜。"

70 年代初，杨——鲁比肯公司经营出现了劣势，一些高级职员纷纷辞职，另找出路，克罗尔也曾动摇过。董事长奈伊挽留他，并让他把设计部整顿一下，克罗尔接受了这一任务。他认为设计部是广告公司兴衰存亡的关键部，设计部搞不好，直接影响公司的经营。他分析了设计部杂乱、骄纵的症结所在，那就是：明明在广告设计上大有所为，可他们的力气总不是花在点子上。有时候，他们把客户想解决的问题压根儿给忘了。那时设计部，各行其是之风可谓盛矣。根据上述分析，克罗尔设计了一套改造设计部的程序。

首先，整顿设计部的领导班子，选拔了一批精明、强干、勤劳、能吃苦的骨干；其次是坚决改变设计部工作自行其是，不尊重客户的风气。克罗尔抓住要害问题，经过半年来夜以继日的奋斗，终于使设计部焕然一新，公司很快打开了被动局面，扭转了颓势。

从此，克罗尔一跃成为出类拔萃的人物，成为主管复杂的服务性企业的实干家。他置身于作战的前沿阵地，不断完善克敌制胜的策略，带领下属夺魁称雄。

1974 年，西荣斯床垫公司突然宣布，终止委托杨——鲁比肯公司经办广告业务。克罗尔知道后，马上召集公司设计人员，开了一个极短的会议，仅仅用了 36 个小时，就准备出了一整套配有布景和音乐的全新广告——"西荣斯床垫公司"的专题广告艺术宣传。通过演员们的生动、风趣的演出，给企业界人士留下深刻的印象。不出一小时，西荣斯床垫公司宣布，鉴于杨——鲁比肯公司出色的广告宣传，本公司将继续委托它经办广告业务，取消同其他公司的业务合作。这次富有极大的挑战性的广告战，是克罗尔最漂亮的一次广告战。

1987 年 3 月，克莱斯勒汽车公司董事长艾柯卡来电话，通知中断 20 多年来的一直由杨——鲁比肯公司承担的 4500 万美元广告业务。公司将面临减少一大笔收入的局面。奈伊把这不幸消息马上告诉了克罗尔，但克罗尔蛮有信心的对董事长说："既然如此，咱们就另寻他路吧，会揽到比这更大的生意。"

过了不久，克罗尔得知福特公司将准备跟一家广告公司合作。于是他就明察暗访，经过几次交锋，终于从福特公司那里接到了6800万美元的广告生意，使公司转危为安。

克罗尔在事业上青云直上，不仅靠他的才能，还靠他比别人付出更多的劳动和他的苦干实干的创业精神。他精力过人，把整个身心都扑在公司的业务上。住在康狄克的西露丁时，经常赶乘凌晨四点半运送牛奶的火车到纽约上班，一次也没迟到过。当上经理后，每天很早到总部，批阅有关客户动向的情报、公司财务报告以及扩充经营的备忘录。等部下人员陆续上班了，他便开始同他们接触讨论或听取报告。

克罗尔是个工作狂，一天的工作量是惊人的。有人对他的工作量做过调查：早晨上班后，他先是召开业务评审会议；同搞客户联系业务的人员研究广告设计；探讨市场竞争的战略方针；分析各行各业的竞争势头。继而抽出时间，同客户洽谈广告生意。最后，向访问归来的广告界代表团问候致意等活动。

在克罗尔孜孜不倦、埋头苦干的影响下，手下人很受感染，也提高了他们的工作积极性。从而使杨——鲁比肯公司的广告业务增长势头在同行业中，处于领先地位。

克罗尔不但自己以身作则，苦干、实干，他还善于调动手下人的积极性，善对下属。他常说："要推动工作，应该是调动人的求胜愿望。而不能用恐吓威胁的手段。"

有一次，公司为福特汽车公司设计广告，必须先拿出一条主题标语来。公司业务人员用一个月的时间，提出100条标语，但没有一条入选。底特律公司也提出100多条广告词，但还是不中意，只好选出3条，准备开会讨论。

克罗尔觉得这三条标语，没有一条符合要求。在这种情况下，他没有责怪、埋怨下属，而是心平气和地给大家讲了这条标语表达什么内容，应以什么形式出现。他讲完后，大家赞成他的设想。接着有人提出以什么形式开头，有人提出整个句子，有人对文字加以润色，最后，综合了大家意见，不到 5 分钟的时间，合乎要求的标语写出来了。

克罗尔关心下属的报告，经常帮助下属解决生活等方面的困难。有一档案管理员，因父母年迈多病，身边需人照顾，准备辞职。克罗尔得知后，备感同情，并提出想办法帮助他渡过难关。就在此人领取老年救济金之前，公司已经给予了适当的资助了。

克罗尔一生"埋头苦干"，"循序渐进"，把一个运动员在运动场上的夺魁称雄的拼搏精神运用到企业经营上，永不懈怠，进取不停，使他在奋斗中屡屡得胜。

13. 持之以恒地向成功迈进

人世间最容易的事，通常也是最难的事，最难的事也是最容易做的事。说它容易，是因为只要愿意做，人人都能做到；说它难，是因为真正能做到并持之以恒的，终究只是极少数人。

生活中，半途而废者经常会说"那已足够了"、"这不值"、"事情可能会变坏"、"这样做毫无意义"。而能够持之以恒者会说"做到最好"、"尽全力"、"再坚持一下"。因此说，能否持之以恒、坚持不懈，是界定一个人成功与失败的分水岭。

贵在坚持

"一年之计在于春，一日之计在于晨"，这句话告诉了青少年开头或是起步的重要性，人们也常常用"好的开端是成功的一半"来提醒、勉励自己，一定要开好头，起好步。但是，要获取成功，还需要好好地坚持到底。"行百里者半九十",如果坚持不到终点,就会失去差不多全部的意义。所谓"笑到最后的,笑得最好",说的就是这个意思。在许多的跑步比赛中,开始跑在最前面的,不一定能够夺冠,恰恰是坚持得最好的,往往是冠军得主。

坚韧隐忍的性格、高贵美丽的心灵,是青少年朋友应该具备的重要品质。生活中,每个人都会遇到困境。在青春之路的"苦涩",往往产生恐慌和绝望。在恐慌和绝望之下,很多人失去了坚持下去的勇气。殊不知,在这"苦涩"的死寂之中,往往需要再坚持一下,就能收获成功的果实。青少年应明白,"苦涩"是人生必不可少的经历,缩短它,等于一年中少了寒冬和酷暑。驾御困境是强者的表现,急于解脱或妥协、投降只能让自己失去更宝贵的磨练阶段,只能收获青涩的果实。

有两个人偶然与神仙邂逅,神仙授他们酿酒之法,叫他们选端阳那天饱满起来的米,冰雪初融时高山流泉的水,调和了,注入深幽无人处千年紫砂土铸成的陶瓷,再用初夏第一张看见朝阳的新荷覆紧,密闭七七四十九天,直到鸡叫三遍后方可启封。

像每个传说里的英雄一样,他们历尽千辛万苦,找齐了所有的材料,把梦想一起调和密封,然后潜心等待那个时刻。

多么漫长的等待啊。第四十九天到了,两人整夜都不能寐,等着鸡鸣的声音。远远地,传来了第一声鸡鸣,过了很久,依稀响起了第二声。第三遍鸡鸣到底什么时候才会来?其中一个再也忍不住了,他打开了他的陶瓷,惊呆了,里面的一汪水,像醋一样酸。大错已经铸成,不可挽回,他失望地把它洒在了地上。

而另外一个,虽然也是按捺不住想要伸手,却还是咬着牙,坚持到了三遍鸡鸣响彻天光。多么甘甜清澈的酒啊!只是多等了一刻而已。从此,"酒"与"洒"的区别,就只在那看似非常普通的一横。

现实中，成功者与失败者的区别，通常不是机遇或是更聪明的头脑，只在于成功者多坚持了一刻——有时是一年，有时是一天，有时，仅仅只是一遍鸡鸣。

这则故事告诉人们，许多事情并不是总能一蹴而就的。要想取得成功，做出成就，永远都不应该急躁、冲动，抑或是感情用事，具有较强自制力的人才是生活的强者。

明人杨梦衮曾说："作之不止，可以胜天。止之不作，犹如画地。"这句话是要告诉世人坚持下去的道理。世上的事，往往再坚持一下，就能取得成功。但如果停下来不做或把目光放在别处，那就如画饼充饥一样，永远达不到目的，梦想也永不会变成现实。

这个道理浅显简单，但在实际生活中，人们却常常忽视了它。我们常常会有"为山九仞，功亏一篑"的遗憾。有时，我们距成功就一步之遥，但偏偏在最后的关头放弃了努力，与胜利擦肩而过，这多么令人懊悔！所以说，凡事贵在坚持，只要坚持，梦想就会成真！

坚持是一种人生境界，是一种品质、一种意志、一种精神。可以这样说，人类所有的竞技，几乎都是坚持的较量；人类所有的创造，几乎都是坚持的作用；人类所有的成功，几乎都是坚持的结果。

一鸣惊人的人，肯定是默默无闻过一段相当长的时期；豁然开朗的境界，必然得经过一段昏暗狭窄的路程；领略无限的风光，一定是在艰辛地攀登之后。科学园地里每一朵耀眼的花朵，无一不是在长期坚持中绽放的。坚持无时不有、无处不在，坚持无坚不摧、无所不能。在成长的道路上，青少年朋友惟有学会坚持，方能领略成功的喜悦。

让坚持成为一种习惯

时间是世界上最伟大的力量，即使是大力神也不能与时间去抗衡、较量。或许有些时候、有些事情、有些人、或有些外界的东西也可能具有很强的力量，但是请相信：只要坚持下去，时间的威力就会逐渐显示出来。上帝处罚人不一定会直接去惩罚他，有时候只是让他行动迟缓而已。幸运的女神总是会给那些勇于坚持的人以更多的青睐。因此，青少年应该学会让坚持成为一种习惯。

德士鼓是美国的一家石油公司，一次在旧金山的河谷里寻找天然气，当气井打到5000英尺深的时候，仍不见天然气，这时人们开始灰心，不想再做下去，认为这里肯定没有天然气，否则早就有结果了。于是他们草草收兵，把此井当成了废井放弃了。

美国石油大王哈默得知这一消息后，暗自高兴，他立刻请来石油天然气专家一同前往现场考察，经过详细勘察分析，专家们一致认为：如果德士鼓能够再坚持下去的话，很可能就会成功。哈默听了专家的评价后，毫不犹豫，立即组织人员，在原来的基础上，又往下钻进2000英尺，结果收获了意料的惊喜。就这样，哈默获得了一笔可观的财富。

"水滴石穿，绳锯木断"这个道理人人都懂，然而，是什么对石头来说微不足道的水能把石头滴穿？柔软的绳子能把硬邦邦的木头锯断？究其根源，还是坚持。一滴水的力量是微不足道的，然而一滴又一滴的水坚持不断地冲击石头，就能形成巨大的力量，最终把石头冲穿。同理，绳子懂得坚持，所以才能把木锯断。

在所有的体育比赛项目中，马拉松比赛是最令人乏味的，但又是最耐人寻味的。在奥运会上，马拉松比赛往往是最后一项赛事，这项比赛是最能体现完备的体育精神。马拉松比赛的时间是以时、分、秒计算的，而人的一生要以数月、数年、数十年来计算。人生这场马拉松比赛，也就更漫长、坎坷和艰难，更需要忍耐、坚持和奋斗。要在漫长的人生旅途中有所作为，只能靠恒心去挺、去忍、去拼搏！

功到自然成，成功之前难免有失败，然而只要能克服困难，坚持不懈地努力，那么，成功就在眼前。对于青少年而言，无论是在生活中还是学习中，一定要学会坚持。只有坚持才能获得成就，释放耀眼的光芒，打造灿烂和辉煌的人生！

14. 宝剑锋从磨砺出，梅花香自苦寒来

俗话说："宝剑锋从磨砺出，梅花香自苦寒来"，"十年磨一剑"要经历多少次锤炼，只有耐得住彻骨的严寒才能绽放出骄人花朵的梅花。生活本身也就是如此。一个人只有耐得了寂寞，吃得了辛苦，才能成就一番事业，才能开创出一片新的天地。

成功始于坚持不懈

人的一生不可能一帆风顺，青少年有的时候会因考试的失败、学习的失败。但失败了绝不能放弃，不应该从此对自己失去信心自暴自弃，而是要冷静下来，找出自己失败的原因，总结经验教训。还有一点，就是要有坚持不懈、持之以恒的精神，只有这样才能走向成功。

如今的大街小巷，没有人不知道肯德基，它不仅是小孩的最爱，还代表着时尚，代表着一种新的生活方式，但是很少有人知道"肯德基炸鸡"连锁店的创始人——桑德斯是怎样创业的，他是以一种怎样的方式完成这样的创业的，让我们来看一下。

创业初期的他已经六十五岁，而且他身无分文只能靠救济生活，他拿到第一张救济金支票，金额只有一百零五美元，当时他的内心沮丧极了，但他没有去怪这个社会，他想就是这样他也要靠自己努力去改变命运。

于是，他便思量起自己现在所拥有的东西，试图找出可为之处。突然他想道："我拥有一个人人都将会喜欢的炸鸡秘方，我何不用它

来改变自己？"

　　紧接着一连串的想法又从脑海里蹦出来："如果我将这份炸鸡秘方卖给餐馆，并且教他们怎么做，那么他们的生意就会变的红火起来，而我也可以从餐馆中拿到提成。"

　　想至此他便行动起来，挨家挨户的去餐馆推销他的炸鸡秘方，但是没有人相信他，餐馆的老板一个个都拒绝了他，还当面嘲笑他："得了吧，老家伙，若有这么好的秘方，你干嘛还穿这么可笑的白色衣服？你怎么还会拿来推荐给我们？"这些刺耳的话语并没有让桑德斯选择放弃，他相信总有一天会有人采用他的炸鸡秘方。

　　时间一天天过去，他仍然继续着自己的推销，每天驾驶着他那架又破又旧的老爷车，饿了就用他示范做给别人的炸鸡充饥，困了就和衣睡在后座，而只要一醒来他就继续向人推销着他的秘方。

　　一次次失败之后，他没有因为别人的拒绝而懊恼，觉得是自己是说辞还不够说服力。于是，他便认真的研究，认真的坚持。他相信只要自己坚持一定有人会相信他，并采用他的秘方。

　　终于，就在他无数次的坚持后，有人愿意试一下。就是这样的一试竟然非同凡响，人们对这种炸鸡非常喜爱，吃的人越来越多，一家家的分店在供不应求中开了起来，不仅这样他的分店还在其它的国家一家家的开了起来，而且同样的受欢迎。

　　这就是桑德斯的创业之路，在他的这条路上我们看到了一样可贵的东西：那就是坚持。就是他的这份坚持让他获得了最后的笑声，就是他的这份坚持成就了他最终的成功。

　　如果换做你，你能在第 N 次被拒绝后还选择坚持吗？你能像桑德斯一样一直坚持下去吗？看了这个故事我们要明白任何成功都不是一步而成的，他需要很多因素，而坚持无疑是一种非常重要的因素，桑德斯就是用支持的信念看到了最后的彩虹。

坚持是一种耐心，是一种胸怀，成功需要坚持。如果你还没有看到彩虹，不要放弃，坚持走下去，那样你一定能看到成功的彩虹。

古时愚公移山，他明明知道开山挖石并非易事，也不是一朝一夕可以做到的事，这可需要子子孙孙一代代不懈努力的做下去，为了开出大路，到达汉水的南面，他每天坚持带着子孙去移石。天帝为愚公移山的诚意感动，就派了夸娥氏的两个儿子去背走了山。愚公不也知其不可为，却坚持做下去了吗？连古时一位九十多岁的老人都如此，我们不是更该如此吗？如今的青少年兴趣都很广泛，学这学那的，但大多数都是三天打鱼，两天晒网，总半途而废，这样是永远都不会成大器的。

人生大道，永不言败

人生道路上，难免会遇到挫折和不幸。但重要的是当你失败时，怎样站起来。成功者和失败者非常重要的一个区别就是，失败者总是把挫折当成失败，从而使每次挫折都能够深深打击他追求胜利的勇气。

雷·克洛出生在美国西部淘金热刚刚结束的年代，一个本来可以发大财的时代与他擦肩而过，更为不幸的是，正当聪明过人的雷·克洛想要通过发奋苦读来达到自己最终理想的时候，又遇上了 1931 年的美国经济大萧条，由于家庭的穷困，使他最终和大学无缘。无奈之余，他不得不早早辍学，迈入了社会。他渴望在房地产方面有所作为，经过不懈的努力，好不容易才打开局面，让艰难的生意略有起色。不料，第二次世界大战的烽烟让他的梦想又化为泡影，一时间房价急转直下，最后不得不接受"竹篮打水一场空"的现实。就这样，几十年来低谷、逆境和不幸一直伴随着雷·克洛，命运无情地捉弄着他，可人们在坚强的雷·克洛的字典里始终翻不到那个叫做"放弃"的词。

命运的转机出现在雷·克洛 56 岁时。那年，失意无比的他来到加利福尼亚洲的圣伯纳地诺城，看到牛肉馅饼和炸薯条备受青睐，于是不顾自己已年过半百，竟然跑到一家餐厅当学徒，学做这种食品。尽管年龄上的劣势让他吃了不少的苦头，可是他用比常人多得多的汗水证明了自己的非比寻常。

后来，这家餐馆转让。雷·克洛做出了一个让常人不可思议的决定，用自己所有家当——失业保险金接过了店面，并且将餐馆的招牌改为"麦当劳"。最终，这场赌博式的收购让他成功了，经过数十年的发展，麦当劳已成为全球闻名的超大型企业，在全世界有 5637 个分店，年收入高达 4.3 亿美元。

雷·克洛的故事说明，失败并不可怕，可怕的是放弃成功的机会。用五十多年光阴里的无数次失败最终换回了一次成功，那就已经足够了。雷·克洛真是一个时运不济的人，可他没有怨天尤人，而是坚持不懈，执著追求。也让人明白时运不济并不是没有时运，而是时候未到，大路总是为那些审时度势、自强不息的人铺就的。

"宝剑锋从磨砺出，梅花香自苦寒来"一句淡雅清优的诗句，点出了一个道理。宝剑何以为宝剑，打磨，雕着使之然也，梅花之香从何而来，霜雪的考验，留给了梅花内在的清香与甜美。朋友，倘若你正逢生命的难关，千万不要灰心丧气，一定要坚持努力，勇往直前，走过崎岖和坎坷，跨过困苦和艰险，如此一来，岁月将会为你洞开一片新的天地。

有人说，人生犹如一条狭长漆黑的小巷，我们都穿行其中，而且都不知道巷子的长度。只有走到了巷子的出口才能叫成功。走在这样一条寂寞的小巷里，必须要有足够的信心和耐心。毫无疑问，离巷子出口最近的地方，就是我们熬不下去、准备回头之处。

15. 成功往往来自于那一点坚持

邹韬奋说："一个人做事，在动手之前，当然要详慎考虑；但是计划或方针已定之后，就要认定目标前进，不可再有迟疑不决的态度，这就是坚毅的态度。"俗话说："不为失败找理由，要为成功找出路"每个人都渴望成功，害怕失败，害怕挫折。然而失败并不可怕，可怕的是失败后没有勇气去面对，不是说失败是成功之母吗？成功的道路上有着许多的挫折、困难，只要勇敢地战胜它们，成功就在不远处，坚持到底终究会成功。"行百里者半九十"。成功的路上必定不会一帆风顺，获得成功，往往在于那一点坚持。

成功贵在坚持

只要你认为自己做的是对的，执著地追求下去，成功便会在一切不可能中实现，成功不仅要求我们敢想、敢做，最重要的是一定要坚持下去，坚持自己的信念直到成功为止。当我们面对一次次考试的不理想，不要灰心。人的一生中不如意之事十之八九，如意之事只不过一二而已，面对暂时的不如意我们需要做的就是坚持，每天学习一点点，日积月累，坚持到最后我们就能成功！

古希腊的大哲学家苏格拉底第一天上课时对学生说："今天咱们只学一件最简单也是最容易做的事情。每人把胳膊尽量往前甩。"说着，苏格拉底示范了一遍，"从今天开始，每天做300下，大家能做到吗？"学生们都笑了，这么简单的事，有什么做不到的！过了一个月，苏格拉底问学生们："每天甩300下胳膊，都哪些同学坚持了？"有90%的同学骄傲地举起了手。又过了一个月，苏格拉底又问，这回，坚持下来的学生只剩下一半。一年后，苏格拉底再一次问大家："请告诉我，最简单的甩手运动，现在有哪几位同学坚持了？"这时，整个教室里，只有一个人高高将手举起，他就是后来古希腊另一位著名的哲学家柏拉图，可见，很多伟人从小就养成了持之以恒的良好习惯。

这则小故事所蕴含的意义以及告诉我们的道理是显而易见的，成功的秘诀很简单，那就是贵在坚持。说起来容易做起来难，坚持，坚持，再坚持！惟有如此，我们才能达到成功的彼岸。

所以，无论现在的学习有多么糟糕，心情有多么急躁。请一定要坚持，再坚持！不要轻易放弃，相信自己也可以像别人一样！坚持到底，就能守得云开见月明！坚持，绳锯木断，水滴石穿！成功只会离他越来越近。十年磨一剑，走得最远的人，不是最聪明的人，而是最执著的人。努力不一定成功，但放弃一定失败！无限风光在险峰，坚持就是胜利！

有时候因为前面的路无法看清，就会选择放弃，其实，就像烧开水一样，九十九度加一度水就开了，开水与温水的区别就是这一度的差别。有些时候有些事情之所以会有天壤之别的差距，往往也正因为这一度之差。

没有一个人的成功之路是一帆风顺的，主要是贵在坚持。看谁能坚持到最后，谁就能获得最后的成功，例如，人尽皆知的伟大发明家爱迪生发明了电灯，他经历了 1000 多次的反复实验，才得以成功。如果在发明电灯的过程中他因一次失败而灰心丧气没有坚持下去，也就不会获得最后的成功，也不会成为伟人。像这样的例子比比皆是，它们都证实了坚持到最后对于成功的重要性。

成功是一种坚持，当我们的毅力超越了惰性时，我们才能种出自己的黑色金盏花，我们不能在上课时昏昏欲睡，再坚持一下就好了，面对任何事情，如果没有坚持到底的决心，尽管只差一点儿，最终还是不会成功，甚至，此前所做的努力也会白费！

成功——马拉松的终点

众所周知在无边无际的沙漠中，只有坚持到最后的人，才能找到绿洲，见得水源，获得最后的生机。无数事实都证明，要想成功，就必须有忍耐精神。忍耐困难、忍耐折磨、忍耐压力、忍耐打击、忍耐讥笑、忍耐一切应该忍耐的痛苦。只有这样，坚持到底，往前走，不后退半步，相信别人能做到的，我们也一定可以做到，别人做不到的事情，我们却可以做得到。拿破仑曾经说过："胜利属于最坚忍之人"。作为当代青少年，责任就是把学习搞好，学习上遇到困难多向学习好的同学请教，或者直接问老师，一点点地积累，付出总会有回报，最后会有很好的成绩。

其实，成功之路就像马拉松赛跑一样，马拉松赛是体育比赛中最长距离的赛跑项目。在刚入学时，大家都站在同一条起跑线上，大家的水平不相上下，距离相差不远。随着时间的推移，从幼儿园到小学，再到中学，距离就逐渐拉开了。强者靠毅力、耐力、能力领先，跑在队伍的最前面，把那些怕吃苦、怕流汗、不愿追求的人远远地甩在了后面。这些掉队的人并不比那些跑在前面的人差多少，只是他们经常偷懒，走走停停，停停走走，他们只会抱怨路途不平坦，路途太遥远。而冲在前面的人却有执著的追求，追求那光明的前途，追求人生伟大的目标，追求成功时那耀眼的光芒，他们总是踏平艰险，奋力向前。于是，强者更强，弱者更弱，当强者登上一个又一个高峰，超越一个又一个自我，在感受路途坎坷漫长的同时，也感受了人生成功的无限乐趣。

在所有的体育项目当中，马拉松项目是最令人乏味的，而又是最耐人寻味以及最能考验人的耐力的一个项目。在所有比赛项目当中，马拉松比赛通常都是最后一项赛事，因为它最能体现完备的体育精神。如果想在漫漫的求学路上取得成功，只能靠坚持到底的恒心去努力、去拼搏。

俗话说的好："为山九仞，功亏一篑。"成功路上荆棘密布，但请记住一点：成功是坚持与努力的结晶。无论那虚掩的成功之门有多远，坚持就是胜利！

没有人不渴望成功，成功是美好的，但坚持却是痛苦的。每个人都在追求成功，但成功需要付出艰辛的劳动，甚至千百次艰难的探索，成功不会轻易获得。因为，成功本身就是一个不断追求，一个锲而不舍的过程。成功与失败，并不是天秤的两端，而仅仅只是一步之遥，然而有的人就是不肯踏出这一步，望而却步，停滞不前，结果他永远都无法成功。

其实，成功并不像想象中那样艰难，只需要再坚持那么一步就行了。

所以青少年朋友们，当困难绊住成功的脚步，当失败挫伤雄心壮志，当被负担压得喘不过气时，不要退缩，不要放弃，一定要坚持下去，因为只有坚持不懈，才能最终走向成功！

16. 努力不一定成功，放弃一定失败

成功是每一个人都希望的，不管是学业还是事业。人们为了成功不断的努力着，不可否认，人们付出努力就是为了能获得成功，给自己的人生增添更辉煌的一页，哪怕经历多次的失败。从这个角度讲，努力的过程就是美，尽管努力不一定成功，但是放弃一定会失败，因为"努力"是成功的必要但不充分条件。

成功需要努力

每个人都在追求成功，至少是自己定性的成功。然而无论是什么样的成功道路都是坎坷崎岖的，每个人成功的机会都是平等的，关键在于你是否去试了，去努力了。如果你都不屑去一试，去努力，是不可能有机会成功的，只要你努力了，至少可以有一半的机会。成功并不是百分之百的，只要努力或许对自己就是一次腾飞，所以无论怎样都要去努力争取，让自己做到无怨无悔。

文天祥在好心人的帮助下才有了读书的机会。由于少年时他的生

活非常困苦，他曾被同学误会是小偷，因为他不允许别人践踏自己的尊严，努力为自己申辩，终于证明了自己的清白，这件事后，文天祥更加努力学习，树立了金榜题名的志向，终于实现了自己的理想。试想，如果他不努力为自己申辩，不努力奋斗学习，怎么可能会有后来的文天祥！他的故事证明了：成功需要努力，不努力一定不会成功。成功的条件有很多，如果没有科学文化素质，没有扎实的基础知识，纵然刻苦努力和有天赐良机，也还是不会成功的，要取得成功，需要努力。

莎士比亚如果没有他执著的"偷学"精神，怎么可能从最初的打杂工到世界著名的大作家？

姚明之所以成为一个出色的职业篮球明星，和他每一次在比赛场上的拼搏奋斗是分不开的。如果没有他的努力拼搏就不会有今天的姚明。

可见，机遇对每个人都是平等的。诚然，抓住机遇的时机是不一样的，如果放弃机会，成功的几率是百分之零，根本谈不上成功；只有尽力去努力、去拼搏才有希望取得成功。努力了、拼搏了即使失败了也不会后悔，没有遗憾。所以青少年朋友们，开始奋斗吧！无论做任何事，只有用百分之百的努力，才有可能取得成功，否则，将一事无成。

广大的青少年们，人生中有失败才会有成功，惟有努力奋斗才不会给生命带来任何怨恨与遗憾。

不要放弃努力

阴雨天过后，阳光总会出现；风雪怎样肆虐，春风总会吹拂。无论怎样，请不要轻言放弃。张海迪曾说："即使翅膀断了，心也要飞翔。"人生是不能轻言放弃的。青少年正处于努力获取知识的时候，驾生命之舟就要懂得挥棹奋起最强的搏击。挫折、失败是成功的必经之路，当命运之门一扇一扇地关闭时，请不要放弃，或许下一次的努力换来的就是别样的风景。

慢慢人生旅途，并不是一路平坦的。只要你不放弃努力，只要心中还有美丽的主题，就会走出心中的风雨。失败是一个新的开始，它并不意味着永远失败。功成名就的人不只是依据个人的性格决定的命运，而是一个人的决心，一种不放弃努力的决心。只要不放弃努力就会成功，抱着这种信念的人，一定能够有所成就。总是怀疑自己能否成功、或是害怕失败的人，终将一事无成。

广大青少年们，只有你为自己的目标付出辛勤的汗水，在成功到来时，才会感动。你的人生目标越大，感动也会越大。人的一生就是挑战的一生，如果放弃了努力，就失去了生命的意义。只要你努力了，就算是失败也会给你带来许多的收益，成功需要努力，不努力便不会成功。

做一件事情，努力了不一定成功，但如果你放弃了就一定会失败，经历，事实上就是一种成功。你去拼搏一番，失败了可以再努力，但是你如果不去努力，就像晚上幻想明天要怎么努力，而早上起来却还是不付诸行动一样。那些成功的人之所以会成功是因为他们不怕失败，而那些失败的人总是担心自己会失败，他们不去努力也就避开了成功。

青少年正处于学习的大好时光，就一定要选择一个具有价值的目标，并为之努力奋斗。"努力了不一定会成功，但放弃一定会失败"在你遇到困难、挫折想退缩时，请千万要记住放弃了一定会失败，只有努力才有可能成功。为了让你的人生更有价值、取得更多的成功，只有努力奋斗才能实现。

人生尽在努力的过程中。每一个成功者都有过失败，失败过后，才能走向成功。人的一生中机会有许多，只是看你自己是否能把握住。对于成功而言，努力了不一定就会成功，而放弃了绝对会失败。为了找到成功之路，就要学会不断地努力，也只有不断地努力才能享受到成功的喜悦。

17. 绝不因为挫折而放弃行动

佩恩曾说过这么一段话："没有播种，何来收获；没有辛劳，何来成功；没有磨难，何来荣耀；没有挫折，何来辉煌。"作为新一代的青少年，在享受着独生子女的优越条件的同时，也承受着不同寻常的压力。父母的期望、无形的压力经常压得我们喘不过气来。面对失败，面对挫折，面对黑暗，相信只要心中充满阳光，我们就能走出一条光明的道路来。不管眼前的黑暗有多深、多浓、多重，不要因为一时的迷茫而放弃行动，只要心中有阳光，就能拥有一片光明的未来，因为，面对失败与障碍，光明是不怕一次又一次挫折的。

不被挫折打败

春天是生气勃勃、万物复苏的季节，美丽的春天就像我们的青春一样，春天美丽的景色就像我们如花似玉般的花样年华一样，春天的短暂就像青春时节的短暂。俗话说："一日之计在于晨，一年之计在于春。"我们正处在朝气蓬勃的青春时节，我们应为以后的美好生活而努力学习，去实现自己的理想。当春天的小草被我们踩了一次又一次，它们是多么坚强，总是不向命运低头，一次次地将被我们踩弯了的身子挺直。我们学习不也应该是这样吗？不怕失败，勇敢地面对挫折，这一次考试失败了，怕什么，再来，回去好好复习，不会的多问同学和老师，找出失败的原因总结经验，再考过，百折不挠，坚持不懈，总有一次会成功的。勇敢地面对挫折，挫而不败，坚持不懈地去努力，去孕育理想，为理想而奋斗，只要不相信自己会比别人差，就没有人会把我们打败，那个打败自己的人只有自己！

对于青少年而言，挫折指日常生活中的挫败、失意，在心理学上是指个体在从事有目的活动中遇到的障碍、干扰，致使个人目标不能实现，个人需要不能满足而引发的一种消极的心理状态，挫折感是一种普遍存在的心理现象，青少年无论在生活上还是学习上都会遇到许多不同的挫折。

有这么一个故事：一位女作家在纽约街头遇到一位卖花的老太太。她看上去穿着破旧，身子也很虚弱，但脸上却满是喜悦。女作家很好奇挑了一朵花，说："您看上去很高兴，有什么很高兴的事吗？。""没有，但为什么不呢？一切都这么美好。""您很能承担烦恼，忍耐困难。"女作家又说。老太太的回答更令人吃惊："耶稣在星期五被定在十字架上时，那是全世界最糟糕，最黑暗的一天，可三天后就是复活节了。所以，当我遇到不幸时，就会等待三天，一切就恢复正常了。"

一位如此平凡的卖花老人，却拥有一颗多么不平凡的不怕挫折的心。她用一双积极向上的眼睛面对生活给她带来的苦难。曾经听过这样一句比喻："每个人的心都像一个水晶球一样，晶莹剔透，若遭遇不测，忠于生命的人，总是将五颜六色折射到自己生命中的每一个角落。"事实也确实如此，当遭遇到挫折时，当陷入苦难无法自拔时，不要灰心，不要绝望，无论已经失去了什么，你仍然拥有你最珍贵的东西，那就是生命。请站在镜子前露出微笑，因为当你微笑的时候，世界上的一切也在对你微笑，快乐就会重新出现，苦难就会过去。时间终究会冲淡一切痛苦，一切伤痛，一切不如意都会成为过去。

每个人的成长过程都是既曲折又坎坷的，总是伴随着辛酸与泪水。而挫折好比一块锋利的磨刀石，我们只有经历了它的磨练，才能闪耀出夺目的光芒。"不经历风雨，怎能见彩虹？"经历了挫折的成长更有意义，有时候挫折是一笔财富，多少次艰辛的求知、探索，多少次含泪的跌倒与爬起，都如同花开花谢一般，是我们人生道路上一道靓丽的风景。成长的过程好比沿着沙滩行走，一排排弯弯曲曲的脚印，串联成一道成长的足迹，只有经受了挫折，我们的双脚才会更加有力。古人云："故天将降大任于斯人也，必先苦其心志，劳其筋骨，饿其体肤，空乏其身，行拂乱其所为"就是这个道理。

正确面对挫折

生活在这个世界上，就像天气一样，有阳光，就必定有乌云；有晴天，就必定有风雨。人生也是如此，不会一帆风顺的，但是从乌云中解脱出来的阳光会更加灿烂，经历过风雨的天空绽放出的彩虹会更加美丽。

在学校测验中，一些考试失利的学生，特别是高考之后，一些落榜生的情绪极度消沉，不愿与任何人说话，不愿面对任何人，甚至失去生活的勇气。实际上，每个人的人生之路都是有坎坷的，主要取决于你如何面对，古今中外，任何一个成功者的青春之路，或多或少都会遇到这样那样的"苦涩"，这就是所谓的挫折感，挫折感是普遍存在的一种心理现象。那么作为青少年应该如何面对挫折呢？

（1）要明确挫折是任何人都不能避免的，它具有普遍性、客观性。当设立的目标与实际产生差异时；当尽了最大努力还不能完成看来似乎不太高的目标时；当观念与社会相抵触时；当认为合理的要求不能满足时；当升学考试落榜的现实降临时等。都会感觉有一种挫败感。其实，只要摆正心态，这些都不能使我们停下前进的脚步。鲁迅也曾彷徨过，贝多芬还曾想过自杀，但他们都顽强地战胜了自己的消沉和迷茫，通过自己的努力，最终坚定地走向成功。

（2）要明确挫折并不可怕，挫折和磨难，可以给人造成打击，带来悲伤和痛苦，但也能使人变得坚强起来！曾经听过这样一句名言："人的生命似洪水在奔腾，不遇岛屿和暗礁，难以激起美丽的浪花。"举个例子：春秋时期的越王勾践，被吴国打败后成了吴王的奴仆，他并不就此灰心丧志，而是卧薪尝胆。最后他率众如愿以偿地打败了吴国……因此，不要害怕挫折，只要吸取教训，不被困难打倒，不放弃自己的行动，就有重来的机会，在新的起跑线上搏击，去争取下一个的胜利！

（3）当面对挫折时，要善于进行心理调节，保持良好的心态，摆脱挫折感。法国著名作家罗曼·罗兰说："人生是一场无休止的激烈搏斗。要做一个真正的人，就得随时准备面对无形的敌人，面对存在于自己身上能致你死地的那股力量，面对那乱人心智引你走向堕落和毁灭的糊涂念头……"所以，当挫折来临时，正确地面对挫折，不要因为挫折而放弃自己的行动。否则，自己之前所做的努力就全都白费了。

作为新一代的青少年，是祖国的未来，要努力学习，相信没有过不去的河，勇敢地面对挫折，绝不因为一点小小的挫折而放弃自己的行动，那样就会显得自己太懦弱了。

18. 在挑战中捕捉人生机遇

挑战与机遇同在，风险与收入并存。我们不要拒绝挑战，拱手将机遇让给别人。

有一位年轻的银行经理告诉拿破仑·希尔有关"工作能量"的经验：

"我们银行有一位经理突然离职，留下许多重要紧急的工作。副总经理找我去谈，他说：'我已个别问过另外两个是否能分担这位离职经理的工作，直到有新人接替为止。他们没有明确拒绝，但都说自己现在的工作已经很重了。不知你是否能暂时接管这个重任？'"

"在我的工作经验中，我知道拒绝新的挑战是非常不明智的，所以我当场同意并保证尽最大努力来完成同时还要处理原来的工作。副总经理因而很满意。"

"走出他的办公室时，我又增加了一个责任。在我们那个单位，我跟另外两个委婉拒绝额外工作的同事一样忙，当时我就设法同时处理两件工作。当天下午，我个人原来的工作完成后，下班时间已到，我冷静地研究'应该怎样才能提高工作效率。'我拿起一枝铅笔，飞快地写下每一个能想到的方法。"

"你看，我真的想出来了。比方跟我的秘书订出一个规定，把所有的例行电话都集中在某一个时间；把所有的拜访活动都集中在一段时间；将一般的例行会议由 15 分钟减为 10 分钟；每天只有一次集中对秘书口述。此外我的秘书也很愿意替我分担一部分比较花时间的细致工作。"

"在一个礼拜内，我发现我口述的信件比以前多了一倍，处理的电话多了一半，同时开会的次数也比以前多出一半，但做起来易如反掌。很坦白地说，当我发觉自己以前做事那么散漫时，简直吓了一大跳。

"我这样又过几个礼拜，副总经理又找人请我过去一下。他首先夸奖我的成绩，接着说他一直在找人，但是都不理想。然后又说他已经在主管例行会议中提出这个问题，他们授权他把这两件工作合并，全部归我负责，还破格提拔我做经理助理，并且替我大幅度地加薪。"

迎接挑战，就是把握了机遇。上述例子正是说明了这一点。